39 veces la primera vez

Magda Bandera

39 veces la primera vez

CÍRCULO de LECTORES

0. (PRELIMINARES) LA CHICA DEL TREN

La megafonía anunció que estábamos a punto de llegar a Santander y corrí a lavarme los dientes. Cuando regresé, el revisor ya había devuelto los billetes, pero el mío no estaba sobre la cama. Lo necesitaba para conseguir descuento en el viaje de retorno, así que pregunté a mi compañera de compartimento si lo había visto, pero no sabía nada. Se había autohipnotizado al ponerse las lentillas y tenía los ojos fijos en el espejo tratando de resucitarlos a base de parpadeos. En aquel momento, toda la sangre de su cerebro se había concentrado allí; en los oídos apenas si le quedaba una mínima reserva.

Insistí. El revisor perjuró que se lo había entregado a ella y ella a su vez aseguró que jamás lo vio. Las ocho de la mañana es mala hora para discutir y preferí no hacerlo. Esperé a llegar a Santander para pedirle al jefe de estación que me extendiese algún tipo de justificante, pero los minutos pasaban sin que nadie apareciese por el servicio de atención a viajeros. Al cabo de un cuarto de hora salí a hacer unas llamadas a la cabina del vestíbulo. De repente, apareció Íciar. Llevaba un rato buscándome. Seguía parpadeando como una muñeca bocabajo, pero ya podía distinguir las formas y los volúmenes, y al reconocerme suspiró aliviada. Tenía mi billete, lo sentía mucho, me invitaba a un café.

Primero fue un zumo de naranja y luego dos croissants. Íciar tenía muchas preguntas, quería saber por qué iba tan cargada, si me mudaba a Cantabria, cuál iba a ser mi trabajo, dónde iba a alojarme. De vez en cuando se disculpaba por lo del billete: «Estaba dormidísima, casi ni te oía». Venía de ver a su novio. Andrés estaba haciendo la mili en Cartagena. Ella iba a visitarlo dos veces al mes. Él, siempre que podía.

El último cortado y nos despedimos. Eran más de las nueve, pero Íciar quería seguir charlando. Sus padres no irían a recogerla hasta pasadas las diez.

–Si no encuentras hotel, te puedes quedar con nosotros un par de noches –dijo–. Vivimos en un caserío en las afueras de Santander.

Íciar sacó sus tarjetas, se anunciaba como «especialista en geriatría». Me explicó que cuidaba de ancianos desde los dieciséis años. Le gustaba su trabajo, gracias a él se ganaba la vida y conocía a bastante gente en la capital. Por eso podría socorrerme ante cualquier problema, simplemente debía telefonearla.

Cuando me despedí por enésima vez y ella, por enésima vez, me ofreció su ayuda, decidí pedirle un favor. Yo no necesitaba ninguna habitación, ni comida, ni siquiera un callejero de Santander. Lo que quería era encontrar 39 personas dispuestas a contarme cómo perdieron su virginidad. Hasta aquel momento, no había sido fácil. Siempre que le comentaba a un amigo que el libro que me habían encargado trataba sobre «la primera vez» sucedía lo mismo: ¡ostras!, silencio, risitas. No me preguntaban nada, estaba claro a qué «primera vez» me refería. Luego, inmediatamente, levantaban el dedo y lo movían en dirección «no, no, conmigo no cuentes», hasta que algo después se acercaban para decirme: «Si quieres, puedo buscarte a alguien». Así fue como nacieron los cafés con oreja.

Los cafés con oreja comenzaban siempre sin oreja. Un amigo de un amigo de un amigo y yo nos citábamos en un bar para charlar. Reproducíamos el ritual amoroso bien estructurado: unos minutos para relajarnos, reconocernos, medirnos, perder la timidez; un buen rato de gozoso jolgorio en el que nos soltábamos, ya del todo desinhibidos, y una tercera parte –la famosa «fase post-orgásmica»–, durante la cual sentíamos que habíamos compartido un pequeño secreto. No recuerdo dos despedidas iguales. Hubo ocasiones en las que sonreímos imaginando cómo íbamos a mirarnos a la cara después de aquello, y hubo otras en las que bromeamos acerca de las «orejas», las que estuvieron a punto de desplomarse sobre nuestras tazas cada vez que sus propietarios nos oían pronunciar las palabras «penetración», «desnuda», «preservativo», «polla», «amor», y se inclinaban peligrosamente para afinar los tímpanos y no perderse ningún fonema.

Íciar era la entrevista número diez, pero la primera a alguien totalmente desconocido. Al principio, le dije que estaba escribiendo un libro sobre sexo y juventud. No le confesé que la cosa era mucho más concreta, porque había descubierto que la palabra «virginidad» causa más rechazo que «sexo» en sentido amplio, extenso, largo y tendido. Tampoco le sugerí que quería entrevistarla a ella. En realidad, estaba pensando en sus amigos. Si creía que a alguno de ellos le gustaría hablar conmigo, podía darle mi número de teléfono. Fue entonces cuando vi un enorme y doradísimo crucifijo colgando de su cuello. Yo también uso lentillas, pero parpadeo menos.

Íciar no se inmutó. Simplemente, enmudeció. Permaneció absorta y en completo silencio hasta que me vio abrir la puerta para marcharme. Entonces gritó:

–Espera. Puedes entrevistarme a mí.

Se me cayeron tres bolsos. No estaba preparada para hablar de sexo a las 9.30 de la mañana, pero busqué un bolígrafo y encontré un cuaderno enterrado entre los jerseys. Delimitamos el tema y le aclaré que el libro se centraba en la virginidad.

–De acuerdo. Empiezo...

Seis páginas de apuntes: Los padres de Íciar eran muy rígidos. En casa nunca charlaban de sexo. De hecho, conversaban poco. Ella también era creyente, pero a su manera. El crucifijo se lo regalaron para la primera comunión. Salía con Andrés desde hacía tres años. En realidad, Íciar sólo tenía diecinueve. Parecía mayor porque tenía que arreglarse bien para ir a trabajar. En cambio, Andrés era un «quinqui», ahora ya no, pero antes había sido un gamberrete, tenía mala fama, su barrio era conflictivo. Andrés tenía experiencia porque desde párvulos había jugado con chicas en la calle. Íciar, no. Ella fue a las monjas. Le costó mucho darle los primeros besos, enrollarse con él. Después le cogió el gusto, Andrés sabía mucho. Y era muy guapo. Los ojos marrones, el pelo rizado y –daba vergüenza decirlo–, una boca muy rica.

Seis meses después de empezar a salir, Andrés le dijo que quería hacerlo, pero Íciar le pidió tiempo, que la respetase, que comprendiese que ella, por educación, era muy recatada para estas cosas.

Cuando celebraron su primer aniversario juntos, Andrés volvió a proponérselo. La deseaba, la quería. Íciar sabía que lo decía de veras, pero él tenía muy mala fama y aún eran muy jóvenes.

Pasaron dos años hasta que compartieron una misma cama. Aquella noche las luces estuvieron apagadas todo el tiempo. Íciar lloró. No pasó nada.

Andrés se fue a la mili. Los padres de Íciar se rindieron y la dejaron ir a visitarlo. Él tenía un piso. Y una cama. Y una caja de preservativos. Pero ella estaba muy nerviosa.

–De hecho, aún soy virgen –dijo, finalmente.

Cerré el cuaderno, tapé el boli y la miré durante unos segundos sin saber qué pensar. Sus ojos azules se veían muy bonitos cuando no parpadeaban, pero en seguida empezaron a moverse ansiosos de izquierda a derecha.

–En realidad, quería saber si podrías ayudarme. No puedo hablar de estas cosas con nadie. Con mi madre es imposible, mi hermana siempre está en las nubes y mis amigas están convencidas de que ya lo he hecho. No sé qué me pasa, pero no puedo hacerlo. Enrollarme con él sí, pero no sé... Perder la virginidad me parece muy fuerte, muy pronto, me da muchísimo miedo. Sé que no soy tan jovencita, que estoy tonta... Me vienen muchas bobadas a la cabeza: Que no tengo ni idea, que él va a buscarse otra menos torpe. Me parece que me dejará en cuanto consiga lo que desea. Sé que me quiere, pero... Y después de todo..., tampoco es tan difícil. No sé, no debe doler tanto... A ti, que te cuentan tantas historias, debes saber, bueno, supongo que tú... No sé. ¿Sabes qué me pasa? Es que no me gusto, no me gusta mi cuerpo, me veo gorda, fofa, no tengo un culito de esos que te puedes poner el bikini alto, yo soy ancha... Sí, ya sé que no soy una foca ni horrorosa, pero no me gusto. ¿Tú qué opinas, crees que lo mío es normal? Ya sé que no eres sexóloga, pero quizás sepas de alguien que tenga el mismo miedo que yo... Aunque creo que lo haré pronto, Andrés está desesperado. Ya no me dice nada, ni siquiera me lo insinúa, y la verdad es que yo también tengo ganas. Supongo que lo haré pronto, cualquier fin de semana...

1. ANA

La invitó a un café, pero sólo supieron hablar del tubo de escape del coche, de cortarse el pelo, de la cotilla de la vecina. La otra noche los sorprendió en el portal y ya estaba enterado medio bloque. Por suerte, en aquel bar no los conocía nadie. Cinco años atrás, él había estado en otro igual. Todos los bares se parecen: si la barra es plateada, las fotos de lomo con patatas son inevitables. Como los nervios. Sabía que los reencontraría esa tarde, pero los buscaba en la cara de su novia y no en sus propios dedos. Se movían como locos, obsesionados en desnudar la cerveza. No halló el momento. Quería advertirle que en las películas las escenas de cama se ruedan con el colchón en vertical, clavado en la pared. Deseaba que comprendiera que las volteretas de los videoclips no tienen ningún mérito porque los actores están de pie y sólo tienen que girar como quien baila un vals. Entre las sábanas, los tirabuzones son casualidad, excepción. Todo eso quería decirle cuando la invitó a tomar café. Esa noche iba a decepcionarla. De poco iban a servir sus cuidados, sus años de experiencia, Ana llevaba demasiado tiempo **imaginando** su primera noche. Finalmente, decidió que lo mejor era tranquilizarse pensando en la segunda y en la tercera, en las que vendrían después. Fue entonces cuando reparó en las patatas de los platos. Se veían blandas. Eran de esas patatas que calientan los dientes y se deshacen sin crujir. No tenían nada que ver con las de las fotografías junto al lomo y los huevos fritos. Las que colgaban de la pared brillaban tanto que el reflejo del fluorescente las convertía en un manchurrón dorado y confuso. Ana le dio la razón: las patatas artificiales son muy fotogénicas.

2. CONCHI

No hice el amor de una vez, fue en dos partes. Yo debía de tener unos dieciséis años y llevaba bastante tiempo detrás de una tía. Al final la conseguí camelar para ir a la sierra de Madrid con la tienda de campaña. Fuimos a la Pedriza. Salimos un viernes por la tarde y estuvimos subiendo sierra arriba durante unas dos horas y media. Llevábamos una tienda canadiense de seis y me tocó subirla a mí. Íbamos cuatro, dos parejas. Conchi cargaba el cámping gas, la otra chica la cesta y el otro tío ya hacía mucho, llevaba los condones.

Llegué fatal, pero podría haber hecho el recorrido otras dos veces. Tenía un objetivo en mi vida y estaba a punto de cumplirlo: iba a dejar de ser virgen. Yo soñaba que me iba a morir virgen y lo pasaba fatal. Yo no quería ser bombero ni Rodríguez de la Fuente, sólo quería dejar de ser virgen. Estaba obsesionado. Quizá ésa sea la explicación de mis fuerzas, porque también me tocó montar la canadiense...

Después de cenar, la otra pareja se metió en la tienda. Luego he sabido que se casaron, hace un montón de años. Él trabajaba en un banco de La Castellana. En aquel momento, el chaval ya tenía veintiocho años, era el que tenía más experiencia. La chica con la que me enrollé era algo mayor que yo, tenía diecisiete o dieciocho. Bueno, el caso es que nosotros nos quedamos charlando y empezamos con los prolegómenos. Le dije: «¿Sabes que Juan Antonio ha traído una caja de 12?». Y se lo dije clarito, mejor así, y ella me contestó: «No, si yo ya sé a qué hemos venido». Cuando la oí, me convencí: «Aquí yo hoy pringo». Entonces le expliqué que me daba mal rollo morirme virgen y hablamos de mis experiencias anteriores. Ella me aseguró que no lo había hecho antes, pero esa noche yo no rompí ningún himen, claro que tampoco tenía por qué dudar.

Estuvimos dándonos besos. Nos besamos, nos tocamos. Cuando aquello se puso un poco duro, y no precisamente de frío, pasamos dentro de la tienda. Los otros ya estaban trajinando, parecía muy bonito. Pero entonces me vino a la cabeza un problema, porque... ¿cuál es el segundo trauma que tiene un adolescente aparte de ser virgen? Pues que uno piensa: «¿Será el tamaño de mi pene suficientemente grande como para que ella acepte que entre en su vagina?». Y, claro, se presenta la duda: «¿Quién se desnudará antes?». Pero eso se solucionó pronto, ella me quitó la camisa rápidamente. Entonces pensé que, como aquello estaba duro, pues el tamaño sería lo de menos.

La parejita seguía follando como dos locos, pero no estábamos por ellos. Nosotros íbamos haciendo. Pronto se me presentó la tercera «diatriba», las cosas que uno ha leído: ¿Dónde se esconde ese pedacito de pene de las mujeres, que no lo encuentro? ¿Dónde está el clítoris? No lo pude encontrar, así que pensé en meterle el dedo y así fue como me escaqueé del asunto, porque ella iba jadeando. Yo estaba concentrado en eso. Pensaba: «Eres bueno, eres legal, tú no puedes estar por disfrutar, tú tienes que hacer que ella goce, que eso es lo importante, no que te corras...». Así estuve un rato, masturbándola, pero sin darme cuenta debía estar rozando el clítoris porque ella estaba a punto de irse y entonces le pregunté si ya se podía entrar. Me dijo que sí.

El preservativo me lo puse yo, porque la verdad es que ella no se ocupó mucho de mí. Debió pensar: «Éste ya ha conseguido lo que quería, que se lo curre». Así que me puse el preservativo solo y lo intenté. Entonces sentí un dolor, no podía avanzar. Yo pensaba: «Esto está más duro que el muro de Berlín. Voy a necesitar carros y carretas». El dolor era fortísimo. La saqué y grité. Entonces oí al chaval que me preguntaba: «Pero, ¿te ha dolido a ti?». Le dije que sí, que me dolía a mí. Y entonces me preguntó qué me hacía daño y se lo repetí: «Pues eso, me duele eso, me duele».

Juan Antonio me dijo que se la enseñara. Le respondí que no, que el problema era que aquello no se rompía con nada, joder. Entonces me dijo que le enseñara la polla y le pedí que no me mosqueara. Me preguntó si no me había duchado con chavales y le contesté que sí, pero sin mariconadas. Al final se la enseñé y me dijo: «Tío, tú hoy no vas a follar. Tú lo que tienes es un pedazo de fimosis». ¡Con la ilusión que me hacía! Esa noche fue de muerte, pensé que realmente me iba a morir virgen.

Al año siguiente me operaron y a los diecinueve me lo hice con una belga durante unos campamentos. Se llamaba Inés y era bajita y gordita, pero tenía unas tetas..., las tetas más grandes que he visto en mi vida. Fui sincero y le dije que quería acostarme con ella sólo por estar encima de sus pechos, ya no era por miedo a morir virgen, era por el gusto de estar allí arriba. El caso es que fuimos a su casa. Su padre era asturiano y cuando comió se fue a dormir la siesta. La madre era belga. En seguida fuimos a su cuarto, a enseñarme sus cintas. Cerramos la puerta. Puso Julio Iglesias, la canción *Abrázame*, y la cantó. La letra dice: «Abrázame y no me digas nada más, / sólo abrázame. / Me basta tu mirada para comprender / que tú te irás». Remarcaba lo de «tú te irás», era una indirecta clarísima.

En seguida se abalanzó sobre mí y me quitó el «Lacoste». Me sentía seguro de mí mismo porque era ella quien iba detrás de mí. Me estaba metiendo mano, me bajó el pantalón. Pero entonces me vino otro miedo, podría ser el quinto problema de un adolescente. Porque mientras ella te está trabajando con su boca, ¿tú qué ves, su boca, sus tetas? No, lo que ves es la puerta y te imaginas que entra su padre, pero la verdad es que me corrí en seguida. Entonces ella se desnudó y vi sus pechos. No he visto nada igual excepto en las películas de Fellini.

Yo no llevaba preservativo y ella me dijo que no me preocupara, que tomaba la píldora. «Ah, sí, y yo me lo tengo que creer». Se lo pregunté un poco mosqueado, pero a los dos minutos ya estábamos follando. Se abrió la puerta y casi me muero, pero era su hermano. Sólo nos dijo: «Ah, estáis hablando», y se fue. Seguimos, seguimos y seguimos. Echamos cuatro polvos y lo dejamos porque yo ya no podía más, porque ella habría continuado.

Esa noche cenamos pollo al curry en los campamentos. Ya no sé por qué, pero me dio por vomitar, no sé si era del cansancio. Me fui a la cama y entonces apareció ella: «Te voy a cuidar». Yo le decía: «No, no». Pero empezó otra vez a trajinarme y me tuve que ir afuera a vomitar. Cuando regresé ella volvía a estar desnuda. Le dije desesperado: «Vístete y vete ahora mismo. Y deja que me muera en paz de una vez».

3. PEP

Siempre he sido muy teatrera y supongo que tiene su lógica que lo conociera haciendo teatro. Acababa de mudarme de Zaragoza y me apunté a una compañía para conocer gente. Yo tenía catorce y él diecisiete. A esa edad, Pep era tope adulto, experimentado, muy puesto... Pero también era un vividor y todas las tías iban detrás de él, pero yo, ni caso. Quizás por eso le dio por mí y no sé bien cómo, pero al final me conquistó y empezamos a salir juntos. A medida que la relación se consolidaba comenzamos con las primeras experiencias sexuales, yo en el papel de «lo estoy descubriendo todo, quiero estar a tu altura» y él, que se sentía realizado en ese aspecto, remarcando todo el rato que no había prisa.

Después de muchas películas y de estar muchas veces en la cama, seguíamos esquivando el momento de hacer el amor. Nos quedaba esa cuenta pendiente y yo empezaba a tener cada vez más ganas. Por eso, para su cumpleaños, me decidí. Estábamos en el teatro ensayando y le solté una indirecta... No sé cómo se lo dije, en plan metáfora, algo de un paraguas... La verdad es que no tengo ni idea de qué le dije, sólo podía pensar en lo romántico que me parecía que ese día, como regalo de cumpleaños, yo me regalara completamente. Lo encontraba superbuena idea. Había implicaciones afectivas, un rollo guapo y llevábamos más de un año juntos. Así que cuando se acabó el ensayo y, después de mi parábola de los paraguas, parecía que todo estaba decidido. Recuerdo perfectamente que estuvimos paseando por las calles del barrio de Sants de Barcelona. He memorizado todas las calles, porque a medida que caminábamos, yo, superpeliculera, iba mentalizándome. Estaba muy excitada y a la vez no podía dejar de pensar en que me había metido en un buen lío y que ya no tenía escapatoria, que había llegado la hora de la verdad.

Y en esas yo creía que él me llevaba a su casa, pero no. Fuimos a un bar y luego a otro y nada. Y comprendí que no había captado la metáfora. Me quedé chafadísima, porque adiós regalo y también porque no me atrevía a pedírselo directamente y no sabía cuándo volvería a presentarse otra ocasión.

Pero un mediodía sucedió. Los mediodías eran apoteósicos, la mejor hora para nuestras relaciones, porque mi madre era maestra y a las dos se iba a trabajar. Pues bien, un día en que no me lo esperaba en absoluto, la cosa surgió. Era la contraposición al otro día que lo tenía yo tan claro y planeado. Aquel mediodía Pep me preguntó si quería que lo hiciéramos. Me sorprendió, pero le dije que sí. Y entonces se sacó un preservativo y se lo puso. Y eso me moló porque pensé que qué viril, cómo sabe lo que hay que hacer, qué bien por su parte.

Ahora, ya con perspectiva, veo que sí, que tuve mucha suerte y que realmente era muy viril, que no sólo eran mis fantasías y mis chiquilladas. Tuve suerte porque Pep estaba muy interesado en que yo supiera qué era un orgasmo y en que conociera bien mi propio cuerpo. Había sido así desde el principio, y allí, en aquella litera, en medio de la pasión, siguió preocupándose por mí, y un momento antes de penetrarme me dijo que no esperase ángeles y música de violines. Él sabía que yo era muy romántica y que imaginaba fuegos artificiales.

¿Y cómo fue? Pues en el primer momento me hizo daño, pero igualmente yo ahí dilatando y dilatando, intentando estar bien... No me corrí, pero en el preservativo vi que él sí se había corrido y me gustó. Personalmente, no me preocupaba demasiado correrme o no. Para mí era tan importante aquel momento histórico, que lo único que deseaba era decir algo inteligente. Estaba superconcentrada en ver qué saldría de mi boca tras aquello, cuáles iban a ser mis primeras palabras. Estaba convencida de que debía decir algo que sonara trascendente, para que lo pudiéramos recordar siempre. Y al final, después de mucho pensar, le dije: «Gracias». Me miró rarísimo, con una cara de asombro que me hizo sentir ridícula. Mejor me hubiera quedado callada, porque aquel «gracias» era absurdo, no tenía ningún sentido.

Al cabo de un rato fuimos a la estación de Francia y me miré en los cristales. Quería saber si se me notaba y me iba buscando en todos los escaparates, pero a simple vista no había ninguna diferencia. Y luego quise comprobar si mi madre sería capaz de adivinarlo, pero tampoco. Aquella noche me miré en el espejo durante un buen rato para ver si se habían producido cambios en mi cuerpo. Y finalmente acepté que seguía siendo la misma y me fui a dormir completamente agotada.

4. LUCÍA

Solía decir que me gustaría hacerlo en la montaña, junto a una hoguera. A los diecinueve años era muy romántico y muy idealista, y no podía imaginarme que acabaría haciéndolo de aquella manera: en medio de la calle y apoyado en un coche. Pero, al fin y al cabo, era lógico que sucediera así: Llevaba algún tiempo saliendo con una chica y siempre estábamos jugueteando en los portales, en el parque, donde podíamos, aunque nos desfasábamos sólo hasta cierto límite. A mí me habían contado cosas alucinantes del parque y me costaba creérmelas, me daba una vergüenza horrible y estaba convencido de que siempre sería capaz de controlar la situación. Ella, en cambio, ya no era virgen y, además, era muy pasional.

Una noche en que llevábamos un poco de alcohol encima, le dio un arrebato y empezamos a enrollarnos a saco. La verdad es que fue bastante cosa de ella. Ese día iba con falda y fue aquello de romper las medias de un tirón. Fue todo como muy rápido y muy intenso. Pero fue mal, sólo duró un momento. Estábamos en una calle cerca de la estación y no teníamos preservativo ni nada y se nos fue la cabeza. Cuando acabamos, ella se echó a llorar porque habría preferido hacerlo más bonito, en otro momento, y yo intenté calmarla diciéndole que ya lo haríamos en una cama algún día. Era diciembre y hacía mucho frío.

Ella sabía bastante, había tenido varias relaciones. Pero creo que, de algún modo, fui especial para ella porque le regalé mi virginidad y eso la afectó. Es más, creo que cuando empezó a llorar lo hizo, sobre todo, porque pensaba que no tenía nada que ofrecerme. Ésa es una conclusión a la que llegué después, cuando me dijo que quería que lo hiciéramos analmente, que ella nunca lo había hecho así y deseaba que yo fuese el primero. Lo intentamos, pero no pudimos, y entonces intenté quitarle importancia y le dije que no se preocupase, que teníamos tiempo. Pero no lo tuvimos, porque al cabo de tres meses ella murió.

Lucía falleció justo una semana antes de que celebráramos nuestro primer aniversario. Han pasado ya siete años, pero hace muy poco que lo he superado. Supongo que si me ha costado tanto es porque ella era especialmente vital. Durante los tres meses después de hacerlo por primera vez, recuerdo que nos enrollábamos por todas partes, en bancos y más bancos del parque. Y yo, que pensaba que nunca lo haría así, me acostumbré a levantarle las faldas y liarnos sin más. Ella era muy lanzada y le gustaba hablar de sexo con toda naturalidad. Pero al mismo tiempo era muy sensible y todo le afectaba. Su carácter era muy espontáneo y a veces explotaba y luego se arrepentía, lamentaba haberse descontrolado, pero lo cierto es que siempre le ponía emoción a las cosas. Si estaba cabreada estaba muy cabreada, y si estaba feliz te contagiaba su alegría. A veces pienso que intuía que se le iba a acabar la vida. Lucía no se podía esperar aquel final, pero vivía como si no tuviera tiempo.

O puede que sea sólo una impresión mía. La psicóloga me dijo que una paciente suya le había explicado una historia parecida, así que quizás sea que los que nos quedamos lo sentimos así. Sólo sé que yo también viví de forma muy intensa aquellos meses, desde nuestra primera vez. Todo fue rapidísimo, pero igualmente quise preguntarle si le había gustado y me dijo que sí, que mucho. La primera vez fue como una explosión de placer porque además fue muy pasional. Llevábamos unos seis meses esperando y eso hizo que todo fuera más especial. Las primeras veces no suelen ser muy placenteras, pero emocionalmente sientes muchas cosas a la vez y rebosas energía.

Durante mucho tiempo todas esas emociones quedaron ligadas al recuerdo de Lucía y no podía hacer el amor con nadie. No podía, tenía miedo de ponerme chungo. He salido con otras chicas y con una de ellas estuve dos meses deseando hacerlo, pero nada. Estábamos desnudos en la cama y no podía seguir. Le daba mucha importancia a la penetración, creía que ese placer tan intenso me haría volver a pensar en ella y tenía miedo a recordarla. Durante los dos primeros años y medio estuve muerto e incluso me fui al extranjero una temporada hasta que, finalmente, he conseguido verlo todo como más natural.

Incluso he relativizado la importancia de la penetración. La primera vez resulta casi esencial porque es la frontera, es lo que te hace estar al otro lado. Todo es cosa de la educación, pero en cierto modo es verdad que la primera vez que penetras a alguien estás haciendo algo diferente, es importante, porque cuando penetras a alguien le estás dando algo de ti, quizás lo mejor. Si hay amor le estás dando mucho, te estás uniendo a esa persona tanto como puedes, al máximo. Luego, con el tiempo, ves que no es tan importante, que hacer el amor son muchas cosas, pero de todos modos esa intensidad de la primera penetración es una emoción única.

De Lucía y de esas emociones únicas me han quedado muchas cosas. Ahora que ya estoy bien me doy cuenta de que vivo como a ella le gustaba hacerlo. Intento disfrutar todas las cosas, no como un torbellino al que se le acaba el tiempo, sino de una manera consciente. Intento fijarme en todo como si fuese un turista en todas partes, voy mirando los edificios, la gente, los detalles. Quiero que se me queden las cosas, quiero vivirlas todas.

5. EL PRÍNCIPE AZUL

Cada dos por tres me decían que lo que a mí me pasaba era que me faltaba follar, lo típico. Sobre todo se ponían pesados un par de amigos del grupo a los que yo les molaba. Había uno que se pasaba el día diciéndome que estaba esperando un huevo cuadrado y mientras tanto me estaba perdiendo muy buenos huevos redondos.

La verdad es que era mayorcita, tenía veinte o veintiún años. Todas mis amigas lo habían hecho y me decían que me animase, que tenía que hacerlo ya. Pero yo estaba locamente enamorada de un chico de la facultad desde hacía la tira de tiempo y eso me condicionaba. Siempre decía que si aún no había hecho el amor era porque no había surgido, pero supongo que tenía la cabeza llena de cuentos de hadas y que seguía esperando un príncipe azul o un huevo cuadrado, no sé. Y creo que, en cierto modo, también tenía presente lo que me decía mi madre, que tenía que hacerlo por amor.

El caso es que en el viaje del ecuador de carrera –típico, es que es típico–, y cuando llegamos a las Palmas de

Gran Canaria –eso también es supertípico–, pues mi gran amor y yo empezamos a charlar muchísimo y sorprendentemente le caí fenomenal. Conectamos de una manera alucinante, así que no me lo pensé: vi que tenía una oportunidad y me concentré en aprovecharla, me lancé a su «chepa» y ya no nos despegamos el uno del otro.

Durante aquellos dos o tres años en los que había estado colgada por él me había enrollado con otros tíos, pero nunca habíamos llegado al coito. Yo decía que no surgía, pero es que yo ya me lo hacía venir de manera que era imposible que «surgiera». En cambio, aquella vez fue facilísimo enrollarse y acabar en la cama de su habitación. Cuando llegamos a aquel punto, yo estaba dispuestísima a que pasara lo que pasase. Para mí era maravilloso, era un sueño, vamos, lo que más deseaba en el mundo. Suena cursi, pero yo lo sentía así.

No sé quién de los dos le preguntó al otro si era virgen y resultó que los dos lo éramos. Nos entró una risa tonta y nos mondamos cuando el amigo que compartía la habitación con él empezó a aporrear la puerta. Y, por supuesto, no le abrimos.

Aquella noche no lo conseguimos. Hubo dos intentonas, pero me dolía y no había manera. Nuestra suerte era que, como ya éramos mayorcitos, conocíamos toda la teoría de pe a pa: que si hay que ir despacio, que si el coito no es lo esencial, que hacer el amor son muchas cosas... Era gracioso, porque yo ya incluso había ido a planificación familiar y estaba preparadísima para tomarme la píldora desde ese mismo instante. En eso sí fue una primera vez atípica.

Después del viaje empezamos a salir en serio y estábamos encantados. Él vivía con sus padres, pero en su piso había una habitación en una especie de sótano con una puerta independiente y era muy fácil colarse allí y pasar noches fantásticas. Y en una de esas ya pudimos completarlo. Desde luego no tuve un orgasmo, pero sí algo muy parecido mentalmente, una sensación fantástica. En el fondo era todo muy cursi. Para él fue una experiencia más «estática» a nivel físico, aunque también emocionalmente, porque la verdad es que estábamos muy bien juntos. Luego todo cambió, porque en verano ya se enamoró de otra y me dejó. Y lo pasé fatal.

Para mí hacer el amor y la forma en que se hacía eran algo esperado, no me sorprendieron demasiado. Lo que me asombró fue que al final resultase con quien realmente deseaba, pero del resto sabía bastante. En mi pandilla hablábamos mucho del tema y yo me había documentado. Supongo que eso fue lo que hizo que no tuviera miedo ni la angustia que suelen tener las adolescentes. Ha sido después, con otras relaciones, cuando he sentido temores, porque me he encontrado con inseguridades de otro tipo, más complicadas.

A mí me moló que mi primera vez fuera así, pero tampoco creo que tenga que hacerse con tantas expectativas. No creo que sea algo que haya que recomendar. Probablemente, aquel amigo mío tenía razón y me perdí muy buenas experiencias con huevos redondos por esperar a mi príncipe azul. Lo que sí es cierto es que aquella primera vez no me marcó, no me traumatizó lo más mínimo. Es que todo fue como un jueguecito. Creo que el hecho de que él también fuera virgen ayudó a que los dos estuviéramos más seguros, que ninguno de los dos se sintiese acomplejado o en desventaja, y nos lo tomamos todo así, como un juego en el que íbamos descubriendo la mecánica juntos.

De todos modos, que la primera vez vaya bien no garantiza para nada que el resto de tu vida sexual vaya a ser una maravilla, el sexo es muy complicado, debe ser porque nosotros lo complicamos.

Después de hacerlo, se lo conté a mis amistades más próximas y casi lo celebramos. Durante el tiempo en que no había follado no hablaba mucho del tema, casi lo evitaba, pero el de los huevos cuadrados me hacía un marcaje bestial. Llegué a enrollarme con él, pero me vacilaba con el tema y me daba vergüenza. A mi madre no le dije nada, pero lo podría deducir si quisiera. Lo tiene que saber, pero yo creo que no se da por enterada. Ahora vivo sola y aún sigue diciéndome que para qué quiero una cama tan grande.

6. EL CURA

A los dieciséis años ingresé en un convento para profesar. Antes de eso, tuve una adolescencia muy poco sexual, vivía la vocación muy intensamente. No me sentía atraída por ningún chico y era incapaz de entender segundas intenciones. Por eso, al principio me costó mucho captar las insinuaciones de uno de los sacerdotes de la comunidad. Pero cuando tenía diecinueve años su acoso empezó a ser más que evidente. En aquella época yo había tenido una crisis de fe. Pasé por una experiencia traumática, una muerte que me afectó mucho, y a raíz de aquello decidí dejar el convento en cuanto acabara el curso. Él sabía que yo atravesaba un momento delicado y aprovechaba la mínima para provocarme.

Un día se metió en mi habitación para anunciarme que se había comprado un colchón, otro me preguntó a cuántos chicos me había tirado y una noche lo sorprendí viendo una película porno. Entonces ya no pude más y se lo conté todo a una monja. Me dijo que no le hiciera caso, que él era así. Para tranquilizarme me aseguró que aquel cura guasón ya estaba liado con otra religiosa. No me pareció demasiado extraño, era una comunidad con curas arriba y monjas abajo, y después de tantos años era normal que se formaran parejas de algún tipo.

La cosa se complicó cuando la historia llegó a oídos de la superiora y quiso comprobar si aquellos dos estaban realmente «liados». Me pidió que los espiara, la verdad es que el asunto es un poco surrealista. El caso es que lo hice, espié al cura y descubrí muchas cosas. Me fui metiendo en aquel embolado y se me acabó despertando la curiosidad. A veces pienso que si no hubiese sido por todo aquel espionaje no habría pasado nada, pero lo cierto es que rompió la monotonía, era excitante. A él le sucedió lo mismo, como me veía por todas partes, cada vez se interesaba más por mí, se animó y pasó de las insinuaciones a las directas.

Un mediodía coincidimos en el comedor. Dijo que había pintado su habitación y que todas las novicias habían ido a ver cómo había quedado, que sólo faltaba yo. Y fui. Nada más cerrar la puerta me empujó contra la pared en plan machito Cromagnon. Recuerdo que yo llevaba una falda escocesa de colegiala, me la subió y comprobé que ya estaba predispuesto. Esa vez salí corriendo, pero no me atreví a decir nada a las monjas porque pensé que no me creerían.

A partir de ese momento, me entró el miedo. Él era mayor, tenía más de cincuenta años y me imponía. Me seguía continuamente y siempre encontraba una ocasión para decirme: «Ven, que esto es normal, que todo el mundo lo hace». Yo me quedaba callada, con miedo y callada. Pasé los últimos meses asustada y ahí acabé de convencerme de que había tomado la decisión correcta al pensar en marcharme y empezar una nueva vida fuera del convento.

Y fue justo entonces cuando sucedió. Me sentía excitada al pensar en la vida que me esperaba fuera de la comunidad y en buena parte la relacioné con el sexo. En mi nueva vida habría sexo. Necesitaba inventarme nuevos valores, algo que me ayudara a sobrevivir fuera del convento. Estaba confundida y, al final, caí. Tanto acoso y derribo acabó convirtiéndose en un juego peligroso, tanto restregármelo a todas horas, ese instinto se despertó y caí. Pasó un par de veces... Recuerdo que manché las sábanas y aun así él insistía en que no era virgen. Lo negaba, era una especie de táctica para que yo le diera menos importancia... Y para calmar su conciencia, si es que tenía.

Me recomendó que no lo contara, que aquello eran cosas entre hombre y mujer, pero antes de irme quise confesárselo a las monjas. Dijeron que yo tenía la culpa, que si había sucedido era porque yo había querido, que las mujeres éramos las que debíamos decir que no. Y las creí, tenía veinte años muy inocentes. Por otro lado, yo sentía algo muy parecido a un enamoramiento. Aquel hombre me triplicaba la edad, pero había vivido mucho más que yo. Había estado en las misiones en Guatemala y había algo de él que me fascinaba. Pero lo viví muy mal, no disfruté nada, porque sentía que era algo que no debía hacer y, además, él era muy salvaje. Esperaba que hiciera piruetas y, claro, yo nada. Era joven, pero no sabía nada.

No lo pasé ni bien ni mal. Lo que no recuerdo es qué sucedió para que yo accediera aquella primera vez. No lo quería hacer ni lo hice por amor –aquello no era amor–, pero estaba como ida. Él sólo tenía un fin, que era aprovecharse de mi confusión. Lo peor es que con aquello se hizo daño a terceras personas, sobre todo a la monja que apostó por mí. Yo quería contárselo en persona, pero eso no es algo que se planifica, no dices «se lo explicaré mañana a las tres de la tarde». Eso se dice cuando se puede, y se me adelantaron. Algunas monjas me riñeron por «haberle destrozado la vida a un pobre hombre». Yo quedé como la puta del rey y él sigue en la comunidad.

Ahora lo veo como un mafioso. Creo que lo tenía todo muy bien montado. Probablemente, hasta se había esterilizado porque en aquel par de veces no utilizamos nada de nada. Decía que tenía vocación y me lo creo, pero es que además en el convento vivía de puta madre, bien alimentado, cerquita de mujeres.

A mí me pasa esto ahora y lo saco en *El País*, pero en aquel momento sólo pude sentirme culpable. No sabía nada de la vida. Desde los catorce había estado siempre con las monjas, ni siquiera sabía qué era un sueldo.

Durante mucho tiempo tuve miedo de que me pegaran. Iba por la calle, veía a alguien con hábito y me echaba a temblar. Después de confesarlo todo, pasé un día y una noche entera sin salir de mi habitación, sola, sentada en una cama. Tenía miedo de que me hicieran algo... Mi familia estaba lejos y si las religiosas me echaban me quedaba en la calle y no me atrevía a imaginar qué sucedería si mis padres se enteraban de lo que había hecho.

Al cabo de un par de años, cuando me sentí fuerte, fui a verlo. Necesitaba decirle que era un cerdo. Él me dijo «que lo único malo de aquella historia era que yo la había contado, porque este tipo de cosas debían quedar siempre en la intimidad». Al menos pude decirle que ya no me sentía culpable y que con él no disfruté nada, que no obtuve ningún placer. Pero era demasiado prepotente para aceptar eso y en el fondo creo que hice la tonta, porque no le afectó en absoluto, ni antes ni ahora.

Pasó mucho tiempo hasta que pude estar con otra persona. Tuve que ir a un psicólogo porque tenía crisis de ansiedad, necesitaba tranquilizantes. Me costaba asumir responsabilidades. Sentía que había traicionado a las monjas y me ponía nerviosa ante cualquier compromiso. Hasta hace muy poco, las relaciones que he tenido han sido muy complicadas y poco centradas en el sentimiento, han sido muy sexuales.

Con el paso del tiempo me he puesto en paz conmigo misma y me gusta mi historia, fui capaz de decirme la verdad y de confiar en mí. En ese momento me hizo mucho daño, pero ahora soy más fuerte. No la escogería, pero me gusta, son mis cosas. Sigo siendo sensible y vulnerable, pero esa sensibilidad ya no me anula, me ayuda.

7. «KARMA»

Me cogió la última tendencia de los hippies, no la del amor libre pero sí la de considerar que el amor debe ser algo libre, libre y natural. Solía hablar de estas cosas con ella, teníamos largas conversaciones de amigos, pero luego la amistad nos llevó a otras cosas. Cada uno tenía su rollo, pero había mucho afecto y yo estaba bastante enamorado. La verdad es que tenía muchas ganas de hacer el amor con ella. Y un día sucedió.

Recuerdo perfectamente el lugar, que pusimos música de Leonard Cohen y la vela. Iluminamos la habitación de su piso con una vela. Fue muy tierno y ¿cómo lo explicaría? Sentía mucho deseo, pero también muchas ganas de descubrir todas esas cosas que acompañan al coito.

Ella no era virgen y me había explicado que la primera vez que lo hizo no sintió ningún orgasmo, entre otras razones, porque el tipo era un machito de aquí te pillo, aquí te mato. Aquella relación no la había llenado. Me lo contó todo con mucha sinceridad y aquellas charlas me ayudaron a desmitificar el tema y a comprender que en el sexo la comunicación es esencial.

Lo veíamos todo tan natural que fue muy bien, rodado. De todos modos, no lo hicimos inmediatamente después de conocernos, sino que pasó bastante tiempo. Solíamos liarnos porros de vez en cuando y es curioso, pero ese día no fumamos nada. Tampoco lo habíamos planeado, pero creo que había algo en el ambiente que nos decía que iba a acabar sucediendo aquella noche. Sabíamos que podía pasar cualquier día, así que ella se puso un diu. Incluso habíamos ido juntos a un centro de planificación de otro pueblo. Lo nuestro fue un proceso muy madurado, muy lento y muy meditado.

El hecho de que lo habláramos todo tanto, de que nos preocupásemos tanto porque la otra persona estuviese bien es algo que se me ha quedado grabado y en las siguientes relaciones, en cuanto he visto que algo no funcionaba, he parado y no he sentido ningún reparo en decir que mejor lo dejamos para otro día y comenzamos a entretenernos o a reírnos hasta crear un buen clima y relajarnos.

Creo que si a veces consigo ese «karma» es gracias a aquellas primeras veces. Fue una suerte encontrar una tía con una mentalidad muy abierta y a quien le gustaba vivir. Lo más bonito fue que convertimos lo extraordinario en cotidiano, no en el sentido de rutinario, sino de natural, de normal. Con ella descubrí muchas sensaciones, una nueva forma de contactar con la otra persona. Cuando se consigue, es el súmum y hacer el amor se convierte en mucho más que compartir tu egoísmo con el de tu pareja.

Supongo que dos días después de hacerlo no te lo habría explicado así, pero ya hace más de diez años. Entonces quizás habría destacado las sensaciones físicas, porque fueron importantísimas, por supuesto, pero en este momento le doy más importancia a lo que aquella relación me aportó psíquicamente.

Ahora ella está casada.

No he vuelto a encontrar a nadie así, que reúna todos esos elementos a la vez, que le guste la fiesta y que a la vez tenga cabeza. Quizás por eso sigo soltero.

8. SONIA

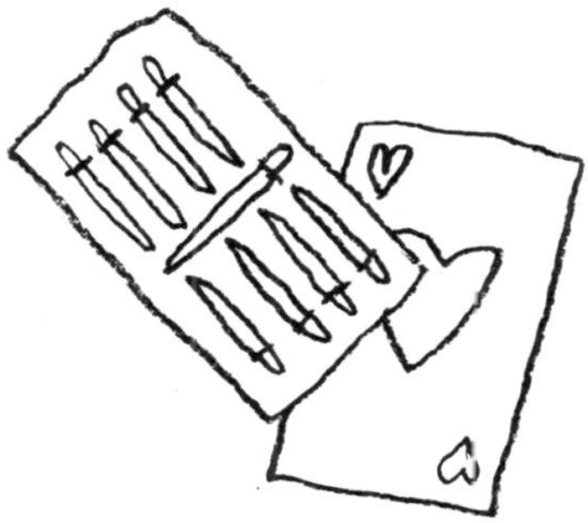

Ella le preguntó: «¿Sabremos?». Y él no quiso arriesgarse. Esa misma noche se citó con «la profesional». Aquella **joven experta** había desvirgado a todos sus amigos y, sin embargo, nadie supo jamás quién la ayudó a ella. Sonia era menuda y discreta, pero su risa resonaba por la clase como una provocación. No se atrevían a mirarla a los ojos. Carlos tuvo que hacerlo cuando fue a disculparse por dejarla plantada. Se había pasado el día apuntando deseos y la noche vomitando nervios.

9. CATI

Psíquicamente, perdí la virginidad a los catorce años. Estaba sentado en un bar y veía a las chicas y pensaba ¡guau!, y ya está. Digo que la perdí ahí, porque desde entonces el sexo empezó a estar presente en mi cabeza a todas horas. Ese día fue como una revelación. El desvirgamiento definitivo se produjo algo más tarde, cuando me fui a Madrid a coger tablas en hostelería.

Tenía dieciséis años y trabajaba con un barman reconocido en el mundillo. Aquel camarero me recomendó que fuese a la capital a ver si encontraba algo de trabajo. Le hice caso y me fui a pasar una temporadita a Madrid. Durante aquellos días, me llevó a tomar unas copas al Pardo, y una tarde fuimos a una sauna. Me dijo: «Ya verás qué bien». Yo parecía mayor de lo que era en realidad y me dejaron entrar. Nos hicieron unos masajes y me quedé alucinadísimo.

Aquella experiencia me afectó y cuando ya se hizo la hora de volver a mi pueblo porque no había conseguido colocarme en ningún sitio, decidí darme una vuelta por la

Gran Vía en busca de sensaciones. Para mí, la Gran Vía era la jungla, pero esos días se estaba celebrando la Conferencia de Paz de Madrid y la avenida estaba llena de policías. No había ni cacos, ni chulos por las calles. Era una noche tranquila y quise aprovecharla yendo a un show de striptease. Había visto fotos en la puerta, nada explícito, pero decidí entrar y me tomaron el pelo. Primero salió una tía y se tocó un poco. Después, una pareja super a saco. Yo estaba sentado fijándome en todos los detalles, cuando me vino una chica colombiana con un acento muy dulzón y me dijo: «¿Tú te atreverías a hacer lo que hacen esos dos de ahí?». Me faltaron piernas.

Cuando empezamos a enrollarnos, yo sólo pensaba: «¡Qué poco voy a durar!», pero me equivoqué. Sabes que ellas fingen mucho y no te tragas que se lo pasen bien, pero al menos no me corrí en seguida. La mayor putada era que por 5.000 pesetas –eso era todo lo que yo tenía–, sólo iba a poder estar veinte minutos con ella, pero la tía se enrolló y estuvimos casi una hora. Quizás porque ella era novatilla y porque yo no era baboso. Se llamaba Cati.

No me corrí en un santiamén, pero supongo que fue desastroso. Estaba bebido. Si no lo hubiera estado, no me habría atrevido a meterme en algo así. Porque la verdad es que la cosa se podría haber desmadrado. Es que, de repente, con toda la tranquilidad del mundo, Cati me dijo: «Mi amor, me tengo que ir, que mi novio está ahí». Se me pusieron de corbata, me cagué. Allí mismo había un tipo, pero yo creía que era su chulo, y después resulta que no, que era su novio de verdad. Salí por patas, asustadísimo, pero poco después empecé a pegar botes y camino del hotel iba muy contento.

Con el paso del tiempo me he dado cuenta de que

fue muy frío y, algunas veces, incluso me he arrepentido de que mi primera vez fuera así. Cuando maduras valoras más el sexo y cuidas más tus experiencias. Concretamente, para mí el sexo es el 90% de una relación. Cada uno le pone el porcentaje que quiere. Yo mismo he salido con gente sólo porque sentía mucha atracción, un interés sexual, y después, cuando me he enamorado, he cambiado de opinión y he llegado a pensar que el sexo no era tan importante. Eso sólo me ha pasado una vez, sólo me he enamorado de una chica.

En cualquier caso, tengo que reconocer que Cati me trató fabulosamente bien, sobre todo, teniendo en cuenta lo poco que cobró. Sucedió que yo no me corría por culpa de los nervios y ella me tranquilizó. Siguió ayudándome durante un cuarto de hora hasta que al fin eyaculé. No sé si ella sintió algo. No paraba de pegar botes, pero nunca puedes saberlo.

No me enamoré de Cati, y menos con el novio al lado, pero tampoco la he olvidado. La mayoría prefieren olvidar su primera vez, pero yo no. Fueron unos días en los que me sentí libre. Estuve con amigos, comí bien, conocí gente superguapa y todo fue una cadena. Parecía que tocaba, que todo venía rodado, y sucedió.

La recuerdo bien físicamente. Era una chica con unos pechos preciosos. Todo bien hecho, joven. Probablemente, los aspectos mecánicos fueron un desastre, pero creo que lo pasamos bien, nos reímos. Por eso me gusta explicarlo, no como orgullo –no es algo de lo que se pueda presumir–, pero sí como una experiencia que para mí fue impresionante.

10. EL MAÑO

Fue como muy divertido, allí, en medio del campo. ¿Sabes lo que pasa? Que yo tengo una visión muy naturalista del tema. Tengo amigas que lo han hecho con sus novios enamoradísimas y me cuentan: «Llevo tres años con él y por fin nos hemos decidido y jo, qué mal, qué mal, qué agobio». Yo encuentro que es algo natural y que no tiene por qué ser un agobio. Los animales no se lo toman como un agobio. Somos nosotros los que nos comemos la cabeza, los que nos llenamos de tabúes. Si tú realmente estás con un tío y te mola muchísimo y estás como una moto, lo que te apetece es hacerlo y si no lo haces es porque te cortas, porque te han enseñado que no debes hacerlo o porque no lo conoces o por lo que sea, pero no realmente porque el cuerpo no te lo pida. El cuerpo te lo pide, porque es que es lo lógico y lo natural. Lo que no es natural es que llegue el momento y que empieces: «Ah, no, mira, aquí sí y aquí no».

Yo lo veía así y, claro, lo hice con un tío del pueblo con el que tenía mucha confianza. Llevaba enrollándome con él millones de años y se veía venir, es que las cosas son así. Pero no quería que fuera cuando él prefiriese y me dije que sería cuando quisiera yo. Él es un cabezón, un maño. Pretendía hacerlo sin preservativo, hala.

Al final, un día me decidí. Me hice un viaje de más de doscientos kilómetros porque sabía que él estaba en el pueblo, me peleé con mis padres y todo. Llegué un viernes y él me vio y ya sabía a lo que iba y entonces decidí que no. Además esa noche iba borracha y yo quería estar consciente y enterarme de todo. El sábado a última hora ya empecé a beber sólo aguas. Él tiene novia y, además, en el pueblo nos conocen todos, así que quedamos que él se iba por un lado y yo por otro. Yo llegué antes y venga esperar, esperar, y me estaba meando, horrible. Dieciocho horas después apareció él, el pobre. Dijo: «Joder, he tenido que saltar tres tapias». Y nada, nos pusimos y tal, como todos nuestros rollos, en el campo, con las rodillas en el suelo. Al principio fue muy mal. Pues lo típico, que estás muy tensa. Yo era novata, él no, pero yo sí. Yo pensaba: «Relájate, bonita, relájate», pero nada. Y luego pensé: «Pero tía, relájate, que en el fondo te lo vas a pasar bien. Si esto no es nada malo, si no tienes manías, si con este tío siempre te lo pasas bien...». Así que le dije que me ayudara a relajarme y al final fue muy divertido, total, que acabó dándome un ataque de risa. Él me dijo que le había pasado de todo con las tías, pero que hasta el momento ninguna se le había descojonado. Estaba muy sorprendido e incluso se ofendió. Luego ya le dije que había estado bien y se calmó y se quedó tranquilo. Ya se puso orgulloso y me decía: «Es que soy maño. No soy como los de Madrid». Y me lo pasé muy de cojones. Lo único que me fastidiaba al principio era estar molesta, estar nerviosa con él, porque jamás lo había estado, más bien más despreocupada de la vida que otra cosa. Así que después de la relajación, pues muy bien, muy divertido, sí... Empezamos a hacer posturas y nos descojonábamos y yo muy preguntona, «y esto por qué, y aquello, y tal». Yo preguntando siempre, mirando y preguntando. Y después ya era muy tarde y estábamos muy cansados y muy doloridos. Porque todo esto era en un camino, con decir que llevé quince días falda larga y pantalones porque tenía briznas, rozaduras en las rodillas... Me dolía todo, no podía casi ni andar. Y luego, para colmo de males, era una noche que hacía muchísimo frío y me cogí una cistitis que me duró quince días, la primera de mi vida.

Se lo conté a las colegas. Hubo una amiga que me dijo que me tenía mucha envidia, porque ella estuvo fría y no podía dejar de pensar qué estaba haciendo y entonces utilizaba métodos de relajación profesionales, ella es psicóloga: «Agustina, relájate, el músculo tal tiene que relajarse porque...». O sea, todo como muy científico, muy frío, me dio mucha pena. Y siguió sin sentir absolutamente nada hasta mucho después de hacerlo con el novio.

Y no es que lo mío fuera cosa del método de relajación, es que llevo enrollándome con este tío desde hace dieciocho mil años, nos conocemos perfectamente y sabemos qué hacernos y entonces nos lo pasamos de puta madre. Por eso seguimos enrollándonos. No hay amor ni hay nada, pero cada vez que nos vemos sale humo y, entonces, por qué no. Es lo que nos pasa. Nos vemos y se nos cae el culo a los dos. Es un tío feísimo y todo lo que tú quieras, pero yo tampoco soy Claudia Schiffer. Pero nos encantamos, nos lo pasamos de puta madre y nos reímos mucho.

Ahora ya no vamos al camino, vamos combinando diferentes lugares del pueblo, porque tal sitio está ocupado y cambiamos de callejones. La gente nos ha pillado alguna vez, es bastante comprometido y da palo. La novia no sabe nada de mi existencia. Me conoce, me llevo muy bien con ella... Sabe que tiene otros diez mil cuernos, pero lo único que dice es: «No me dejes». Ahora, para San Roque, él viene al pueblo. Todos los demás se van de acampada, pero él sabe que yo iré y me imagino que vendrá todo encendido.

En el fondo la cosa es muy reciente, yo tenía veintitrés años. Fue el año pasado, en verano. Pero es que además esa noche fue una coña, porque me levanto al día siguiente y resulta que se había muerto Lady Di, colega, y lo primero que se me vino a la cabeza fue pensar «Joder, yo toda la noche follando y esta mujer estampada en el coche. Me sentía supermal». Pensaba en ella y fatal.

11. BEA

La primera vez que nos enrollamos ella estaba mirando por la ventana y yo la abracé. De esto hace dos años. Entonces, yo tenía veinticuatro. Bea iba a mi clase y coincidíamos a la hora de prácticas. Había «feeling», me daba morbo, pasión. Como el rollo era guapo, al cabo de dos meses hicimos una salida a una casa rural. Íbamos cuatro chicos y tres chicas. Tengo un buen recuerdo de aquel viaje: fiesta loca, sexo y drogas. Todo el mundo iba por ahí mezclado, a veces con uno y otras con otro, así que en un momento dado nos enrollamos. Me pareció que estaba muy guapa mirando por aquella ventana, me animé y la cogí. Nos enrollamos, pero no hicimos nada.

Después de aquel viaje nos fuimos a la cama dos veces, pero yo no podía empalmarme y lo pasaba muy mal. Ya me había pasado con otra tía antes y me marcó. La primera vez que me ocurrió en casa de Bea, me puse superhistérico, me cogió una paranoia. Y la segunda, tres cuartos de lo mismo. Ella me decía que me tranquilizase.

La verdad es que se portó superbien. Me decía «calla, calla» y se movía como un gatito, me acariciaba, me decía cosas bonitas... Todo con caricias, pero yo estaba muy paranoico y, al final, de tanta histeria me quedé en un estado de no pensar, medio catatónico. Para entonces, Bea estaba encima de mí y así, lentamente, me iba magreando con su vagina. Ella lo hizo todo.

Bea consiguió que yo empezara a empalmarme y, de repente, me encontré que ya estaba dentro de ella y fue como hacerlo, pero mirándolo desde fuera. Poco a poco comencé a sentir muchas sensaciones, y de tanto sentir y sentir ya no sentía nada, y entonces tuve una especie de experiencia religiosa. No, en serio... Hubo un momento en que me sentía como durmiendo y que el cuerpo se me desprendía y se me iba hacia el de ella, estaba adherido, enganchado al de Bea. Me quedé así... El punto aquel de no sentir, ni ver, y cansado, cansadísimo. Entonces le pregunté: «¿Lo hemos hecho?».

Estaba tan alucinado por el orgasmo que necesitaba que ella me lo confirmase. Además, como la saqué porque no tenía condón, pues no sabía si eso contaba.

La sensación de después fue muy guay. En primer lugar pensé «No estoy malo, funciono». Superé el rollo psicológico de golpe y no me importó demasiado la impresión de que no controlaba nada, de que no había llevado ningún ritmo..., de que todo lo había hecho ella. En el fondo, no aprendí nada aquella noche porque yo no hice nada, pero intuí una serie de sensaciones que hasta ese momento no sabía que existieran. Fue como si me enseñaran un abanico de posibilidades con todas las sensaciones que podría tener en el futuro, como si estuviese tomando una especie de menú de degustación.

Y después, pensándolo con cierta perspectiva, me parece casi imposible que, siendo la primera vez, tuviera una experiencia tan mística. Yo creo que en gran parte fue la alegría de aquella erección, pero sobre todo pensaba: «A partir de ahora esto va a ser una pasada».

12. RAMÓN

Lo de antes siempre había sido muy divertido y entonces pensaba que hacerlo sería el súmum, pero me quedé a dos velas. Y luego ha habido muchas veces en que también me he quedado así. Después de lo que ves en las películas, lo que te explican y todo lo que tienes en la cabeza, a la hora de la verdad no me enteré de nada. Fue todo tope rápido, ni bueno ni malo, pero decepcionante.

En cuanto acabamos fui corriendo a casa a telefonear a mis amigas para explicárselo. Yo tenía quince años, era la primera en desvirgarse y había mucha expectación. Pero les conté la verdad, no vacilé, y ellas me dijeron que vaya frustre si en realidad era así. Es que él era mayor que yo. Ramón tenía veintiún años y bastante experiencia, así que siempre estaba a vueltas con el tema. Solía decirme que en el fondo hacer el amor era sólo un poco más de lo que ya estábamos haciendo. Entonces llevábamos cinco meses saliendo y así nos hemos tirado ocho años de novios. Acabamos de dejarlo ahora.

Las amigas que me han explicado que lo han hecho siendo ya más mayores se lo han pasado mejor. Yo ahora también me esperaría. Pero Ramón insistía tanto... Lo tuvo que hacer todo él. Yo estaba allí, tumbada en la playa, quieta como un muerto. No me movía, simplemente, me dejaba hacer.

Lo hicimos sin preservativo, con marcha atrás, aunque entonces yo ni siquiera sabía qué era eso. Ahora ya sé que se corrió fuera. Estuvimos mucho tiempo haciéndolo así. No me extraña que las adolescentes se queden embarazadas. Después ya fui al ginecólogo a por pastillas, porque a él no le gustaban los preservativos.

No me hizo daño ni sangré ni nada. Y, como no sangré, pues no había «muestras evidentes» de nada y no me dio ningún corte volver a casa. Además, mi familia es muy liberal.

Yo también veo el sexo como algo natural y solía comentarlo todo con muchos detalles. Era un desahogo hablarlo con mis amigas. Intercambiábamos información. Por ejemplo, llegaba una y decía: «Le voy a proponer a mi novio que hagamos esto y lo otro». Y entonces alguna le explicaba: «Pues yo ya lo hago y está bastante bien». O lo que fuera. Era todo como muy sincero y nos ayudábamos mucho. Recuerdo una vez que vino una amiga preguntando: «Quiero hacerle una paja a mi novio y no sé cómo se hacen». Y entonces, entre todas, le dimos consejos, pues así y asá... Como si fueran macarrones con tomate.

Igual nos pasamos un pelín, porque la verdad es que estas charlas las tenemos sólo en reuniones de tías. Cuando íbamos en pareja a veces también hablábamos de sexo, pero más en plan anécdotas divertidas, no de lo que nos pasaba realmente. Y aun así, ya se cortaban, y a menudo mi novio se enfadaba y me decía que cómo podía explicar lo que hacíamos en la cama y yo le respondía que era normal entre tías.

Mucha gente dice que a los quince es demasiado pronto. Pero mis amigas del colegio lo ven normal. Con las de la universidad es algo diferente. Todas lo hicieron más mayores y a veces me daba corte explicarlo. Algunas incluso eran vírgenes.

Yo ahora lo cambiaría, pero entonces fue bastante lógico que pasara. Era verano, íbamos mucho a la playa, que si besos, que si esto y lo otro, y aquella vez simplemente surgió, como no teníamos piso... Ese día no me levanté pensando «hoy me desvirgo», pero tampoco me sorprendió que pasara porque era cuestión de un día u otro.

13. CAYETANO

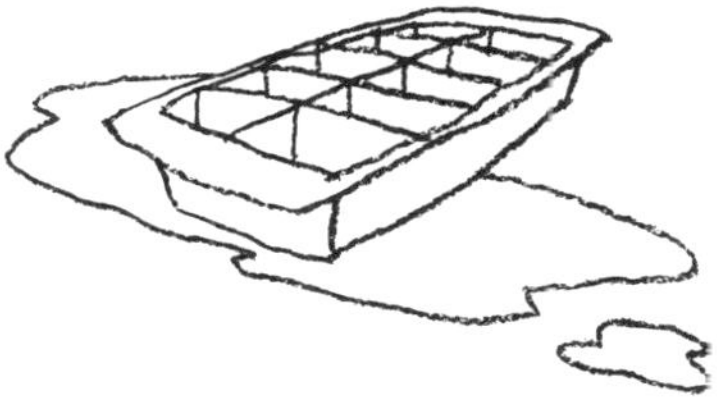

La nevera estaba en el comedor, junto a la puerta del balcón. Sus padres andaban renovando los armarios de la cocina y la casa parecía trastornada. Ella no se atrevía a entrar en los dormitorios y acabaron trasladando los colchones de las literas al salón. Allí inventaron una cama enorme que se partía en dos todo el tiempo. Bailaban canciones de Triana, unos solos de guitarra larguísimos, y nadie pronunciaba una palabra. La oscuridad no era absoluta porque el neón de las tiendas rebotaba en los cristales y transformaba la penumbra en una iluminación extraña que recordaba esas escenas de las películas en que las lámparas se apagan, pero la gente sigue viéndose las caras en tonos azules. La media luz suavizaba las cosas y no le costó **quitarse el vestido**. Tampoco le sobrevino ningún pudor cuando le enseñó a domesticar el broche del sujetador. Pero, de repente, él abrió la puerta de la nevera y el foco amarillento los descubrió desnudos. Era la primera vez que se sentía tan descalza y ésa fue la gran sorpresa: tomar conciencia de todos y cada uno de aquellos centímetros de carne, la de siempre y la nueva. Se habría entretenido en contarlos si no hubiese sido porque no podía dejar de temblar mientras le daba la espalda al congelador lleno de croquetas.

14. GWENA

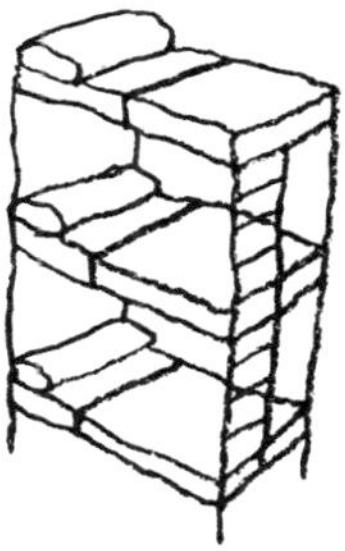

Cuando me vi desnudo comprendí que no tenía ni idea, nada de nada. Pero también es lógico, porque sólo tenía catorce años. Estaba en unos campamentos internacionales, con italianos y franceses. Era una estancia muy activa: hacíamos remo, carreras...

Me lié con una tía italiana, sobre todo, porque era muy simpática. Ella tenía diecisiete años. Estuvimos dos días, pero después de la italiana me lié con una francesa y mi amigo con otra. Éramos dos y dos. Después de enrollarnos por la calle y de hacer marranadas por las esquinas, y cuando quedaban dos días para acabar, mi amigo se cansó de liarse con Gwena, que era la suya. Entonces decidimos cambiar de pareja. Y en seguida empezamos a cruzarnos miradas Gwena y yo. En estas circunstancias, las miradas cada vez son más peligrosas, empiezas como diciendo «serás mía, verás dentro de una hora...». Y al final te enamoras porque en esa situación todo va muy rápido, pero que mucho. Por la otra chica no me preocupé demasiado, porque pensé que lo entendería perfectamente.

Al bajar del autocar, pasamos de las miradas a los hechos: hacíamos manitas y la música ayudaba y ya fue a más, besos, caricias... Después de cenar hubo fiesta en la casa donde nos alojábamos y no salimos. Seguimos con el mismo tonteo hasta la última noche. Cuando todo el mundo empezó a despedirse, ella y yo nos enganchamos y ya no hubo quien nos separase.

Dormíamos en habitaciones comunitarias de treinta camas, ¡treinta camas, Dios mío! Y entonces ya me dijo que fuera a su habitación. Había muy buen rollo. No es que sea la mujer de tu vida, pero si te lo pide vas a su cama. Yo fui, pero la verdad es que no tenía ni la más mínima idea de lo que iba a hacer. No podía imaginar que acabaríamos follando. Pensaba en manoseos, masturbaciones. Pero como llegué allá y nos pusimos supercariñosos y la gente estaba durmiendo, pues... Estás tan anonadado con la historia que ni te enteras de que hay gente alrededor. Nos liamos y ella se desnudó. Gwena también tenía diecisiete, como la italiana, y tenía experiencia.

Ella era la que controlaba. Me iba tranquilizando, «que yo ya sé, que yo ya lo he hecho, que yo te guío...» Y bueno... Ahí fue cuando me di cuenta de que me había metido en un lío. Estaba desnudo, tenía que hacer algo que no sabía exactamente qué era, no tenía preservativos, en fin... Ésa es la parte triste de la historia. Lo de los condones lo solucioné rápido porque salí corriendo a la habitación de al lado a ver si algún italiano me hacía un préstamo. Un tío en plan playboy-de-la-Toscana-a-mí-follando-no-me-gana-nadie me dio uno. Y yo corriendo otra vez a la habitación.

La primera hora la cosa estuvo muy bien elaborada, todo muy cariñoso, «estamos aquí, sin prisa». No fue un polvazo frenético y recuerdo su sonrisa. Pero entonces ya fue cuando Gwena me dijo «ponte arriba y haz lo que puedas y ya verás qué bien». Yo estaba nervioso, pero no porque estuviese preocupado por el tema. Tenía todos los nervios en la barriga porque me enfrentaba a algo desconocido. Pero cuando llegó la parte del coito fue «1,2,3,4, ya». Más rápido que un cola-cao. Y luego una catarsis muy gorda. Noté algo muy bestia que no había experimentado nunca en mis masturbaciones. Pero tampoco sabía si eso era lo que había que sentir al hacer el amor, porque no podía comparar. Eso lo he sabido después.

Fue acabar y tener esa sensación de que no era exactamente lo que había imaginado. Me quedé un poco «ah, es esto, vaya», pero tampoco me decepcionó. También experimenté el «chip» de la semiculpabilidad, porque pensé que debía preocuparme por ella y no sólo pensar en mis sensaciones. Le pregunté que qué tal y me dijo que bien. No sé si realmente lo pasó bien, pero ella hacía como que me quería mucho, me acariciaba... Pero estaba tan agotada como yo y nos quedamos un rato juntos, adormilados.

Después de aquellos campamentos vino a verme. Estuvo en mi ciudad cuatro días y lo hicimos otras tres veces, pero luego ya vi que nuestro romance no tenía futuro, porque ella se distanció. Han pasado nueve años y hace tres volví a escribirle porque me hacía gracia saber qué había sido de ella, pero no me ha contestado.

Y sigue haciéndome gracia. En mi época no era muy común hacerlo a los catorce y me gustaba contarlo, no de vacileo, sólo comentarlo con los amigos. La verdad es que luego, hasta los diecisiete y medio, nada más. Pero aquella primera vez tan precoz sirvió para calmarme la sangre caliente. Por eso debe ser que yo nunca sentí ni la curiosidad ni el miedo típico de los adolescentes. Y tampoco me pasó lo que a la gente de veinte años que aún no lo ha hecho y está rabiosa.

15. MI NOVIA

Le mostré todo el catálogo de golpe. Quería hacerle todas las cosas que me gustaban, las que conocía porque ya las había experimentado conmigo misma. Al final, decidí empezar por comerle el coño. Eso era algo que no sabía si iba a gustarme porque no soy contorsionista y el cuello no me da para tanto, pero imaginaba que debía ser bastante placentero. Ella se cortó muchísimo. Yo era virgen y mi novia no, pero era ella quien estaba asustada. Cuando me vio ir tan directa me cogió la cabeza, como diciéndome: «¿Estás segura? No tienes que hacerlo». Le daba miedo forzarme y a mí aquella situación me divertía mucho, porque yo estaba bastante desinhibida, lo veía todo muy natural.

Recuerdo que tenía diecinueve años y ella veintiuno, y que lo hicimos en la cama de mis padres. Cuando estábamos en plena faena, oímos unos ruidos. Era mi familia, que volvía de imprevisto. Recogimos las cosas como locas y nos metimos en el baño desnudas porque era el único lugar al que podíamos ir.

Mis padres no sospecharon nada, porque éramos dos chicas, pero al día siguiente le dije a mi madre que era lesbiana. No le dije que había follado en su cama, pero sí que me gustaba una chica, porque creía que después de consumarlo tenía que decirlo y asumirlo plenamente. Se lo tomó bien, me dijo que estuviera tranquila, pero que no lo comentara con nadie, porque a lo mejor se me pasaba y si la gente se enteraba luego podrían utilizarlo en mi contra. También me preguntó si me gustaban los chicos y le contesté que sí, y entonces me dijo que para qué tenía que complicarme la vida.

Con los hombres no tengo mucha experiencia, pero creo que con las mujeres los juegos son como más de rol. Es más fácil ir cambiando, puedes llevar la iniciativa, dejarte llevar... Me parece que son juegos más libres, ahora tú, ahora yo. Al menos con mi novia es así. Cuando lo hicimos la primera vez llevábamos saliendo diez días y no sé por qué no nos decidimos antes. Habíamos dormido varias noches juntas, pero ella era muy recatada y yo no tenía ninguna experiencia, sólo muchas ganas.

Hace tres años que empezamos y nos va bien. Ahora que lo pienso nunca hemos hablado de aquella primera vez. Entonces no teníamos mucha confianza y luego no sé por qué no lo hemos hecho. En concreto, de la virginidad, se habla poquísimo, creo que porque la gente se forma demasiadas expectativas. En el sexo, es la ficción la que siempre supera a la realidad. Tus amigos te cuentan muchas cosas, muchas mentiras, y luego la realidad siempre es más pobre que la imaginación. En cualquier caso, yo no tengo traumas. A veces, me gustaría tenerlos. Si mi primera vez hubiera sido traumática, si yo hubiera sentido el morbo del pecado, ahora la recordaría mejor.

El único temor que sentí aquella primera tarde era el de desnudarme. Yo me veía gorda, estaba bastante más rellenita que ahora, y me sentía superbola, así que mientras estuvimos en la cama apagaba la luz en cuanto podía y corría a taparme con una sábana. Me liaba así y asá, y adoptaba posturas en las que se me veían menos los michelines. Es que ella estaba muy delgada, tenía un cuerpo precioso. A veces es extraño, estás tumbada, ella está desnuda delante de ti, la miras embobada y piensas qué cuerpo, qué guapa es... Pero otras veces, es tan parecida a ti, que lo que haces es compararte con ella y no sabes si en tu admiración sólo hay amor o si también se te cuela un poco de envidia. Ahora ya no me acompleja mi cuerpo. Naturalmente no estoy satisfecha de él al 100%, nadie lo está, pero si de algo sirve el sexo es para que te ayudes a aceptarte físicamente, porque ves que la otra persona te desea, te acaricia la barriga porque le encanta y entonces deja de ser un defecto y se convierte en algo que da placer.

Me gusta hablar de sexo. Estoy en una asociación de gays y lesbianas y charlamos mucho sobre el tema. De hecho, yo militaba incluso antes de perder la virginidad. Empecé con la teoría, la ideológica y la del catálogo, y luego vino la práctica. Tenía bastantes conocimientos previos. Una amiga de la infancia que era lesbiana me contaba muchas cosas. Durante años me preguntaba si me gustaría probarlo con una mujer, pero yo siempre le decía que ni hablar. Aunque la verdad es que de niña me enamoré locamente de una francesa en unos campamentos.

Después ha habido un poco de todo, yo he funcionado por etapas. Cuando empecé con mi novia me apetecía estar con chicas. Y no sé qué pasará dentro de un tiempo. A mí me puede gustar una chica masculina, una muy femenina, un chico, un travesti con plumas. Yo me enamoro de personas. Lo que pasa es que te obligan a definirte y autoclasificarte. Es algo muy habitual en los círculos de «ambiente». Teóricamente deberíamos ser más tolerantes, pero no admiten que puedas sentirte bisexual.

Lo he probado con chicos. De esa primera vez sí me acuerdo muy bien. Él era gay. Estábamos muy borrachos. Él fue muy a saco y yo no estaba acostumbrada a hacer el amor de aquella manera. En teoría éramos amigos, pero no hubo nada de ternura entre nosotros. Siempre la hay, incluso con algún desconocido, pero allí ni se asomó. Fue muy animal por miedo a algo. En aquella cama había mucho miedo y todo fue como una película porno. Pero decidí no juzgar a todos los hombres por aquella experiencia tan bestia. Hice bien. Recientemente, he comprobado que no todos son así.

Cuando pienso en aquella primera vez con mi amigo siempre me sorprendo. Él es maravilloso y encantador en todos los sentidos pero ese día no sé qué le pasó. Quizás pensaba en su pareja y se sentía culpable. Cuando yo se lo expliqué a la mía, trauma. Sigo siendo amiga de este chico. Lo llamamos el «error» y nos reímos mucho recordándolo. Errar te hace más humano y errar conjuntamente te hace más amigos.

El sexo es complejo. Y si no se vive con naturalidad trastorna a la gente. Si yo la primera vez me encuentro con el «error» en lugar de con mi novia, ni te digo... De todos modos, en aquella ocasión me hubiera dado igual lo que pasara. Estaba muy, muy enamorada y sólo con que ella me hubiera acariciado la mano yo ya habría alucinado. Pero es que además fue muy romántico, la primera parte del primer amor, lo más parecido a ir flotando. Desde entonces, todo ha cambiado mucho. Aquel primer catálogo se ha ampliado y se ha llenado de calidad. Actualmente, lo único que me acompleja de vez en cuando es que algunos me vean como la «zorra de la facultad, la lesbiana esa». Todo porque si hablas de sexo abiertamente, sin tapujos, creen que no sabes hablar de nada más, que no tienes otra cosa en la cabeza. Y eso duele.

16. JAVI

Lo mío es corto porque fue a saco, yo fui a saco, para ser más exactos. Javi era amigo de mi hermano y todos íbamos en el mismo grupo. Un día vino a mi casa a hacer un trabajo de clase, pero se le olvidaron unas láminas. En aquella época él iba detrás de una amiga mía, pero a mí me gustaba mucho. En cuanto vi las láminas, aproveché que toda mi familia se había ido para telefonearle. Lo tenía todo planeado: Vino a buscarlas, nos liamos y nos fuimos a la cama. Así de rápido.

Después de aquello, empezamos a salir, pero lo dejamos porque nos llevábamos muy mal.

Lo nuestro fue un «boom», rapidísimo. Como yo lo había planeado todo muy bien, fuimos al grano. Es que soy muy decidida. Creo que si no lo hice antes fue porque necesitaba un día en que mis padres no estuvieran, entre otras cosas, para quitarle los preservativos, porque lo hicimos con uno de mi padre.

Y fue bien, normal... Me daba corte, pero como lo hicimos con la luz apagada, pues lo hice sin rollos. Eso sí, la luz no la encendimos para nada. Eso es algo que me sigue pasando, es que no me gusto a mí misma. Sé que no estoy ni gorda ni flaca, más o menos, bien, la verdad, pero no me gusta estar desnuda con la luz encendida, me da mucho corte. No me gusto, por lo que sea no me gusto. De todos modos, ya lo llevo mejor.

Después de hacerlo, él no quería saber nada de mí. Es que se quedó frío. No se esperaba que yo hiciera un plan así, que lo pillara de sorpresa y le diera besos. Javi se cortó, sobre todo, porque yo era una cría. Sólo tenía trece años, casi catorce. En esa época, él tendría quince o dieciséis. Y supongo que todo fue raro, tan rápido, porque estábamos con la oreja puesta y no nos podíamos relajar. Cuando acabamos me dijo que ya nos veríamos en el bar aquella misma noche. Yo solía ir por allí. Siempre he salido mucho y mis padres han pasado lo suyo conmigo. A los once años me escapaba por la noche. Quedaba con una amiga, nos las ingeniábamos para que no se dieran cuenta y nos íbamos a la discoteca. Y, claro, a veces nos enganchaban.

Con esta amiga tenía bastantes charlas sobre sexo. Ella no quería hacerlo, le daba miedo, pero yo le decía que era algo normal, que algún día le iba a tener que pasar, porque es algo natural. Lo que pasa es que cuando no tienes experiencia... Javi tampoco sabía mucho, algo sí, porque había visto muchas películas porno, pero no tenía mucha práctica. Y como no sangré, me dijo que yo no era virgen. Ahora salimos juntos y, a veces, aún me dice que he perdido la virginidad antes de aquello. Yo le digo que no todo el mundo sangra. Pero también nos reímos cuando hablamos de aquella nuestra primera vez: ¿Te acuerdas cuando la lámina...? Llevamos seis años juntos.

Y cuando lo pienso a solas, reconozco que tenía mucho miedo, pero a la vez estaba tranquila porque era lo que quería.

17. BERNARDO

Se pasaba el día diciéndome que en su casa se duchaban todos juntos, que se veían desnudos, que el sexo era una cosa natural. Pero yo sólo tenía dieciséis años y me veía muy jovencita. No me apetecía, quizás por mi educación. Las tonterías, bien, pero hacerlo me parecía muy fuerte. Pensaba que era demasiado pronto, que eran guarrerías, yo qué sé. Pero él se empeñaba en hablar del tema todo el día y no paraba de agobiarme.

Bernardo era virgen y tenía muchísimas ganas de hacerlo. Insistía en que si dos personas se quieren, pues eso, que patatín y patatán, y hay que ver cómo eres. Cada tarde teníamos una comedura de tarro con el tema y al final ya me lo pedía hasta en cartas, me escribía notas explicándome lo mucho que me deseaba. Era una cosa obsesiva.

Un día en que estábamos en su cuarto los dos solos, estaba cantado que iba a pasar. En cuanto lo vi venir, empecé a decir que hacía mucho frío, que mejor nos vestíamos, pero él salió corriendo a buscar una estufa... Yo era todo pegas y él todo facilidades, así que al final me dije:

«Bueno, mira, ya está, qué más da, pues que sea». Total, un día u otro tenía que pasar.

Y después de todo no me decepcionó, porque tampoco me esperaba nada del otro jueves. Yo me lo había planteado como para salir del paso y al final puedo decir que estuvo hasta bien. Me dolió un poco, pero no excesivamente. Él iba con mucho cuidadín y sí, notas aquello de «uy, pero qué es esto aquí adentro». Pero como ni siquiera sangré... Es que como a mí no me venía la regla ni a la de ocho, pues había estado practicando durante un buen tiempo con tampones para estar preparada cuando me tocara y yo creo que en uno de esos ejercicios me dejé el himen.

Después de aquello nos fue bien, muy bien. Pero como él me deseaba muchísimo, pues yo no tenía que desearlo. Lo tenía todo muy fácil y no me daba cuenta de mi deseo, simplemente me dejaba llevar. Así que cuando de verdad he sentido que perdí la virginidad mentalmente y no sólo físicamente ha sido con mi segundo novio, porque esa vez fue todo muy raro, muy despacito y eso que ninguno de los dos éramos vírgenes, pero no sé... nos respetábamos tanto.

El primer día de salir ya nos dijimos que lo habíamos hecho con las miradas y unas frases bastante ambiguas. Insistimos en que los dos habíamos tenido otras parejas durante mucho tiempo, para que se sobreentendiera que no éramos vírgenes. Ese mismo día nos enrollamos, pero sólo morreadas, y así estuvimos, a base de morreadas sin tocarnos ni medio centímetro, durante dos meses. De las ganas que teníamos nos dábamos cada bocado en el labio... Yo iba señalada todo el día, pero nada, no nos atrevíamos a tocarnos. Eso hasta que un día nos dio un punto y nos quitamos las camisetas a saco en plan plisplás.

No hablábamos porque él era muy respetuoso. Pero los días en que íbamos más a saco nos mirábamos como sorprendidos y nos decíamos: «Hoy se nos ha ido la olla».

En Navidad aproveché que mis padres se habían ido de vacaciones para invitarlo a casa. Nos estábamos enrollando en el sofá y le dije: «¿Quieres que vayamos a mi camita y así estamos mejor?». Y me dijo que sí. Y cuando nos tumbamos me preguntó: «¿Y si nos quitamos los pantalones?». «Vale, vale.» Un poco después, nos quitamos las braguitas y los calzoncillos, pero ni nos miramos ni nada. Ese día no se la vi, es que ni nos tocábamos. Sólo decíamos «Qué calentito estás, qué bien, qué bien y qué bien que no pase nada, estar así, tranquilitos».

El día de los Inocentes le llené la moto de candados y nos reímos mucho con aquella broma. Por la tarde, fuimos a mi casa otra vez, y de nuevo a la camita. Fue otro pim-pam-pim-pam, y no sé cómo, pero lo hicimos. Recuerdo que estábamos liados y él dijo: «¿Lo estamos haciendo?». Y yo le dije: «Sí, creo que sí». Pero no llevábamos preservativos ni nada y tuvo que correrse fuera y manchamos la colcha. Luego nos pasamos un buen rato lavándola, pero aún tuvimos unas horitas para dormir juntos, hasta que a las seis de la mañana él se fue a casa.

El día después fue muy especial. Me sentía muy bien. Yo deseaba mucho a aquel chico y me pareció que estaba perdiendo la virginidad de verdad, totalmente, con el cerebro y con el cuerpo. Para él también fue muy bonito. Cuando volvimos a vernos, sólo sabíamos reírnos y decir: «Qué fuerte, qué fuerte». Después él me dijo: «Tú me preparaste una buena inocentada, pero anda que la que te había reservado yo». Y nada, seguimos muy bien.

18. SEGÚN ELLA

Todo empezó con el traqueteo del tren. Habíamos ido de excursión y al regresar nos tocó una máquina muy destartalada, con unas sacudidas de lo más sugerente. Nos pusimos picarones y jugamos a seguir el ritmo con el cuello y los hombros. Llevábamos dos meses saliendo, enrollándonos en todos los portales del barrio, con sus pantalones siempre a punto de reventar y yo alucinando con los grititos que se me escapaban. Pero lo que más me chocó fue su desparrame de hormonas olorosas. Fue una verdadera sorpresa porque eran dignas de una mofeta. Es que precisamente una de las primeras cosas que me atrajeron de aquel chico era lo bien que le olían las camisas. Puede parecer una tontería, pero era algo tan casero, tan familiar, que me dio confianza y yo, que siempre había sido muy tímida y recatada para enrollarme con nadie, con él no me lo pensé ni un momento.

Durante los días que siguieron a la excursión, sacamos el tema del traqueteo varias veces en plan indirectas. El caso es que no sé cómo, pero acabamos preparando un viaje en coche-cama. En aquella época había una oferta que se llamaba «especial parejas», pagaba uno y viajaban dos. Decidimos que la noche de San Juan era ideal para escaparnos, porque nuestros padres no nos esperaban hasta las siete o las ocho de la mañana. La idea era salir de Barcelona a eso de las siete de la tarde, hacer unos trescientos quilómetros en coche-cama y luego volver en asientos normales. Nos daba igual acabar en Zaragoza o en Valencia.

Lo calculamos todo hasta el mínimo detalle, pero ninguno de los dos se atrevía a expresar cuál era el objetivo del viaje. Se iba aproximando la fecha y nada, conocíamos al dedillo el nombre de todos los expresos, pero de hacer el amor, ni palabra. Antes de que la cosa se hiciera más y más surrealista, agarré el toro por los cuernos y le pregunté directamente qué pensaba que haríamos en el coche-cama. Se quedó cortadísimo. Entonces le dije que habría que conseguir preservativos y él se ofreció a comprarlos.

Y ahí empezó la gimkana. Desde ese momento hasta que mi himen desapareció para siempre jamás pasamos más trabajos que Hércules. Lo digo así y parece que le dé mucha importancia al himen, cuando lo cierto es que al principio no la tenía en absoluto. Cuando empecé a salir con Marco, yo tenía veinte años y él, veintitrés. Y a esa edad no tienes tantos miedos. Sólo queríamos estar bien y disfrutar. Yo nunca sentí la presión de «soy virgen, soy virgen, tengo que solucionar este problema». Sabía que lo haría cuando me apeteciera y con tranquilidad. La primera parte la pude cumplir, pero la segunda...

Lo de la estación fue para grabarlo. Fuimos a las taquillas y preguntamos cuál era el primer tren hacia Zaragoza y a qué hora llegaba. Lo apuntamos.

–¿Y el de vuelta a Barcelona? –añadí.

–¿Para cuándo?

–Para hoy mismo, justo una media hora después de llegar.

–¿Cómo?

–Sí, es que tenemos que entregar un paquete y volver.

–Hum. Pues el de vuelta sale justo quince minutos antes de que llegue el de ida.

–Ah, pues nada. ¿Y hacia Valencia, tenéis algo?

–¿Cómo?

–¿A qué hora sale el tren de Valencia?

–¿Y el paquete de Zaragoza?

–Ya, ya lo arreglaremos. Pero, ¿y a Valencia?

El de Valencia era posible, pero cuando pedimos el coche-cama, la chica de la taquilla nos dijo que era un gasto absurdo: para cuatro horas no valía la pena dejarse tanto dinero. Estuve por decirle que a ella eso no le importaba, pero me puse casi tan colorada como Marco.

Total, que regresamos y nos fuimos a la verbena. Esa noche no pasó nada, pero para mí fue esencial, porque ya habíamos tomado la decisión.

El siguiente intento fue en su casa, la víspera de San Pedro. La cosa iba muy bien y estábamos relajados. Sólo me puse algo nerviosa cuando nos desnudamos del todo por primera vez. No fue por pudor, sino porque nunca había visto su pene tan en directo. Lo había tocado a menudo, pero siempre había calzoncillos de por medio. Cuando vi aquello, hice un cálculo rápido y llegué a la conclusión de que era completamente imposible que entrara por mis orificios. Pero me tranquilicé pensando que eso debía ser como los pendientes: se hace el agujero y a lucirlos.

Me equivoqué, porque cuando ya estábamos preparados y se fue a buscar los preservativos, la cosa cambió. Los tenía en su cuarto, al final de un pasillo larguísimo, y al volver ya se le había ido la erección. Y nada, ni con grúa. Grande era, pero desobediente, un rato. Aquel día desperdiciamos varios condones y fue algo frustrante, sobre todo para él. Pero yo lo recuerdo con mucha ternura, porque entre los dos surgió una complicidad muy bonita.

Y entonces, a mediados de julio, nos fuimos un par de días de excursión con unos amigos. La primera noche tampoco lo logramos, cada vez que llegaba la hora de la verdad, se emocionaba o se ponía nervioso y perdía la erección. Y una vez que parecía que todo iba bien, se corrió en cuanto me rozó la pierna. La segunda fue mejor. Habíamos cambiado de pensión y nos duchamos juntos. Fue muy divertido, nos cargamos la barra de la cortina de la bañera. Esa noche no sé por qué no lo hicimos, porque él estaba bien. Yo creo que fue por eso, porque él estaba demasiado bien y yo me acojoné, porque aquello era enorme y necesitaba algo de tiempo para mentalizarme.

Y así, hasta irnos de vacaciones en agosto. Una tarde fuimos a la montaña a ver atardecer y nos enrollamos sobre el saco de dormir. Todo iba rodado, los dos preparados y listos. Pero cuando tocaba el «ya», le dije: «Siento algo».

Él interpretó que yo quería decir que me lo estaba pasando bien, pero no era eso. Lo que yo «sentía» era el ruido de los cencerros de un rebaño de ovejas que no tardaron en rodearnos. Se nos había hecho de noche sin darnos cuenta y con tanta pasión no oímos al pastor hasta que nos alumbró con una linterna.

En estas empezábamos a estar desesperados, pero nos lo tomábamos con humor, hasta que en la siguiente pensión nos pusimos de los nervios. Sus erecciones ya eran de anuncio, pero entonces tuvimos que enfrentarnos a mi himen. Nos habíamos olvidado de él todo el tiempo y resulta que era de cemento armado.

Y llegamos a Jaén, a la pensión más antigua de España. Según las guías, tenía algún récord, probablemente el de cutre. Para mejorarla, tapé la bombilla con mi camiseta roja y aquello le dio a la habitación un toque erótico. Y agresivo también, porque ese día Marco estaba atacado, completamente decidido a taladrarme, y yo tres cuartos de lo mismo. O acabábamos con la burocracia o me conformaba con darme besos en plan gnomo para el resto de mi vida.

En medio de aquel derroche de energía, se nos quemó la camiseta y liamos una humareda apestosa. El caso es que Marco se tomó el asunto como si fuese de vida o muerte y apretó con todas sus fuerzas hasta que mi himen cedió. Después de eso sólo recuerdo que al despertarnos a la mañana siguiente, las viejas que llevaban la pensión estaban contándole a unos huéspedes que la situación era grave, que en Rusia acababan de dar un golpe de Estado. Era agosto de 1991.

18. SEGÚN ÉL

Supongo que el día oficial fue en una pensión muy rara de Jaén. Aquella noche completamos algo que llevábamos buscando desde hacía bastante tiempo sin ningún éxito. Nos pasaba que jugábamos mucho en la cama, nos lo pasábamos muy bien, pero cuando llegaba la hora de la verdad, los nervios hacían que se me bajara la erección.

Pasamos dos meses así, de intento en intento, metiéndonos en bastantes líos y también riéndonos mucho. Pero al final la cosa se convirtió en una obsesión. Por eso, aquella noche en Jaén decidimos que si no pasaba, si no lo conseguíamos, nos estábamos dos meses sin intentarlo y descansábamos. Después de todo, durante aquellos dos meses nos lo habíamos pasado bien. No resolvíamos el tema de la penetración, pero disfrutábamos mucho jugando y descubriendo nuestros cuerpos. Cada día había una pequeña primera vez. Puedo recordarlas casi todas, porque todas tenían su importancia: la primera vez que la toqué, la primera vez que la vi desnuda, la primera vez que me corrí...

María era muy loca, estaba como una cabra y me contagiaba sus locuras. Recuerdo que estuvimos a punto de hacer un viaje en coche-cama sólo porque el traqueteo nos pareció excitante y con aquella excusa empezamos a hablar de sexo, al principio sin ser demasiado claros y luego con mucha naturalidad. Cuando se nos iba la cabeza era la hostia. Una vez por ejemplo nos cargamos la cortina de un baño en un hotel haciéndonos los peliculeros y otra tuvimos que vestirnos a toda pastilla después de que se nos echara encima un rebaño de ovejas.

Fueron dos meses muy locos. Cada vez que empezábamos estábamos decididos a acabar y lo que acabábamos era agotados. La pasión nos ponía como idos, aunque yo era muy tímido y en el fondo María también lo era. Yo tenía veintitrés o veinticuatro años y ella unos veinte. Una verbena, me parece que era la de San Pedro, aprovechamos que mis padres no estaban y estuvimos dos horas enrollándonos. Era la primera vez que disfrutábamos de un colchón, porque hasta entonces sólo habíamos tenido portales y el coche. Por cierto, que los ratos en el coche eran memorables. Antes de ella, yo sólo había tenido contacto con una chica, pero fue un mal rollo y lo he olvidado, sólo fue cosa de una hora y no me enteré demasiado. Pero en aquel coche empecé a sentir lo que es ir avanzando pasito a pasito. Yo siempre iba cortado, como con miedo a que ella me soltara un bofetón y me fascinaba que en vez de dármelo, lo que hiciera fuese ayudarme.

Aquellas dos horas en el colchón en casa de mis padres fueron muy intensas, pero hasta el mismísimo final no nos quitamos ni las bragas ni los calzoncillos. Fue ella la que dijo: «Vamos a hacerlo». Cuando la oí, pensé: «Hostia. Tengo que ir a por los preservativos». Los tenía lejísimos, en la habitación de mi hermano, al fondo del pasillo y por el camino la sangre se me subió a la cabeza y ya no hubo manera de que bajara donde tenía que bajar. Me sorprendió que me pasara aquello, porque la deseaba muchísimo y no entendía nada. Intenté concentrarme para que subiera, pero fue imposible: nos resignamos, nos comimos unos dalkys de chocolate y nata, y lo dejamos para otro día.

Después de acompañarla a casa me quedé chafado, pensando en lo que había pasado, en el fracaso, en lo que pensaría ella. Pero tampoco tardé demasiado en dormirme, porque la noche fue muy movida y antes de aquel episodio hicimos muchísimo ejercicio.

Durante las veces siguientes, llegué a la conclusión de que si me desinflaba de aquella manera en los momentos decisivos era en gran parte por culpa del preservativo. Cada vez que me ponía un condón empezaba una historia. Quizás si lo hubiéramos hecho con otro anticonceptivo habríamos tardado menos.

El tema de los preservativos fue complicado desde el principio. Cuando estábamos planeando el viaje en tren, fui a comprar nuestra primera caja. La primera de muchísimas, porque hasta la noche de Jaén no sé cuántos tiramos, los pobres siempre caían antes de entrar en combate. Pasé por cuatro farmacias antes de decidirme a entrar en una que estaba medio vacía. Cuando al final lo hice, el dependiente se metió dentro y cuando volvió al mostrador, la tienda ya estaba llena. Me armé de valor y le pedí una caja, y entonces él me preguntó: ¿De 6 o de 12? Fui optimista, se lo dije en voz bajita, pero compré 12.

Cuando más o menos me acostumbré a los preservativos y ya lograba conservar la erección, lo que me costó un huevo fue la penetración. Recuerdo que pensaba que aquello era superresistente, más de lo que me había imaginado. Y también sucedía que, como había tanto juego previo, yo eyaculaba muchas veces antes de que nos decidiéramos a intentarlo y al final estaba agotado y tenía menos fuerzas.

El día en que lo conseguimos creo que los dos nos quitamos un peso de encima. Pero también pensé que me lo había pasado mucho mejor otras noches, disfrutando de nuestros juegos. Es que aquella vez estábamos muy tensos y así no es nada placentero. Pero es lógico que estuviéramos tensos, porque muy poco antes casi incendiamos la habitación. Habíamos puesto una camiseta roja alrededor de la bombilla porque la decoración era muy cutre y se calentó demasiado. Suerte que ella lo olió, porque yo estaba tan enfrascado achuchando que no me enteré de nada. Además, la pensión era muy rara, las escaleras crujían y en nuestra habitación había un ventanal que daba a un patio macabro. Estábamos un poco acojonadillos.

Necesitamos varias noches para que aquello fuera más fluido y más suave, hasta que de repente, un día, fue bestial. Estábamos muy bien y quisimos quedarnos un rato quietos, mirándonos y sintiendo todas aquellas cosas que te pasan por la cabeza cuando estás a gusto y enamorado. Pero en seguida volvimos con la risa y las locuras.

20. EL ALMACÉN

Las cajas grandes rebosaban globitos de color carne que se colocaban cuidadosamente dentro de las pequeñas. Fue divertido que reclutaran a su pandilla para empaquetar todos esos plásticos antes de saber qué eran. Y aún lo fue más cuando descubrieron que aquellas cosas servían para hacer reír. Los mayores que trabajaban en el almacén se pasaban el día contando chistes sobre los globos. Tenían dos nombres: uno muy largo para hablar con el encargado, y otro más corto para bromear en la calle. A Sole le encantaba guardarse puñados en los bolsillos y después llenarlos de agua en el colegio. Pero cambió de juego el día en que comprendió para qué se utilizaban realmente. A partir de entonces, se convirtió en una celestina infantil que inventaba notas de ánimo para esconderlas en las cajas de **preservativos**. Durante aquellos meses escribió muchas veces la palabra «suerte».

21. PAULA

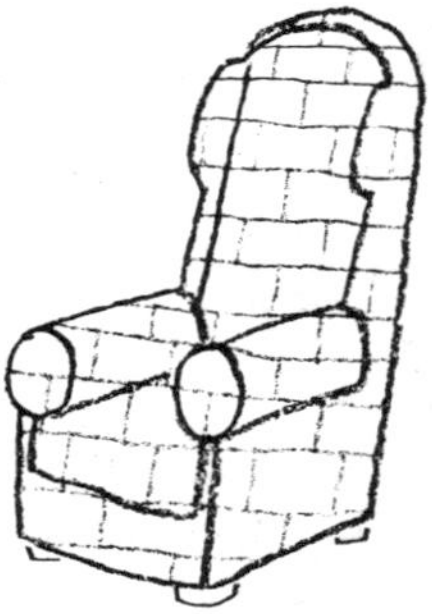

Después de tantos años a veces intento pensar en aquel piso y me doy cuenta de que no tengo ni idea de dónde está. Creo que me gustaría encontrarlo y repetir el recorrido por las calles de alrededor. Era un domingo sin coches en la inmensa cuadrícula del Ensanche de Barcelona. Yo no soy de allí y no conocía la ciudad. Estaba fascinado con todas aquellas esquinas tan simétricas, con aquella especie de laberinto. Fue algo irreal, onírico. Aquella mañana me limité a seguir a Paula sin saber muy bien adónde iríamos a parar.

Una semana antes lo habíamos intentado en el piso de mis tíos. Durante los cinco años de carrera vivía con ellos. Ese primer día veníamos de la playa y allí ya nos habíamos desmadrado, pero había mucho movimiento y decidimos cambiar la arena por el sofá de mi casa. Era un butacón larguísimo. Paula llevaba una falda hippy con mucho vuelo y un jersey rosa. Empezamos a enrollarnos y entonces me preguntó si quería hacerlo. Era verano, pero en cuanto me di cuenta de lo que iba a pasar me puse tiritón por culpa de los nervios y cuando ella vio aquel tembleque propuso que lo mejor era dejarlo.

De ahí ya pasamos al domingo en que me invitó a comer a su casa. Quisimos instalarnos en su habitación, pero no tenía infraestructura. Era un cuarto muy pequeño, con muchísimas estanterías, y no había sitio para nada. Entonces nos mudamos al comedor, pero los antebrazos de su sofá eran mortales. Recuerdo que anduvo revolviendo sus discos y puso música de Nacha Guevara, pero no le pareció la adecuada y siguió buscando. Ese día Paula se había puesto una especie de mallas marrones.

Como no podíamos jugar bien en el sofá porque era muy duro y yo soy muy largo, paramos un rato para pensar. Su habitación era pequeñita y el sofá un desastre, así que fuimos a la cama de matrimonio de su madre. En seguida se quitó la camisa y me quedé alucinado porque si no recuerdo mal, a mis diecinueve años, eran las primeras tetas que veía y además tan cerca. Supongo que los ojos los tenía fijos donde los tenía, porque aparte de jugar a médicos con las primas no tenía ni idea de nada relacionado con el sexo.

Estuvimos jugando mucho rato, hasta que me preguntó si tenía preservativos. Le confesé que no y ella dijo: «Yo tampoco». Y entonces soltó un «¡Mierda!». Recuerdo que dijo un ¡mierda! muy contundente, porque le disgustaba un montón la idea de quedarse sin hacerlo. Al cabo de nada, encontró la solución: «Bueno, mi madre tiene». Pero cuando fue a buscar la caja vimos que estaba sin estrenar. Eso hizo que nos cortáramos durante unos instantes, pero ella ya estaba resuelta y me sorprendió diciendo: «Bueno, hay buen rollo. Ya se lo contaré».

Ahora sé que hay que coger el ritmo en el descanso, pero entonces no tenía ni idea. Yo estaba arriba y ella abajo, pero la sangre, mi sangre, no bombeaba hacia donde tenía que hacerlo y aquello iba lentísimo. Pero creo que debía estar rozando algún lugar adecuado porque ella parecía pasarlo bien.

Tuvimos que hacer un sobreesfuerzo –casi necesitamos Viagra–, para que yo me enterara y al final sí. Me gustó muchísimo, mucho. Además, como me costó tanto correrme sucedió lo que pasa en estos casos, que si tardas luego es una explosión de júbilo.

Después de aquello tengo dos imágenes grabadas. Una, la de tirar el condón por el váter. Y dos, el rato que nos pasamos haciendo la cama porque tenía que quedar perfecta para que su madre no notara nada. Estuvimos mucho tiempo estirando las sábanas.

Es curioso, porque no volvimos a hacerlo nunca más. Y tengo esta historia como muy borrosa. Me acuerdo de muchas cosas, de muchos detalles de aquel día, pero en general el antes y el después con esa chica se me han convertido en una especie de nebulosa. Y lo extraño es que trabajábamos juntos, pero me resulta más fácil recordar la nevera de su casa que los motivos por los que acabamos distanciándonos. Es que su madre se había ido a pasar el domingo fuera, pero había dejado la nevera llena de cosas exquisitas. Y no se me olvida que tomamos lentejas de primero, y de segundo, unas croquetas caseras buenísimas.

Comimos bastante y luego, a media tarde, cogimos el coche para llevárselo a un amigo de Paula. Después fuimos a tomarnos una copa de helado enorme, gigante, y la compartimos. Ésa es una de las sensaciones que más me gusta recordar, la de sentirse raro, pero muy bien. Aquel helado estaba tan fresco... Era muy agradable saborearlo estando tan cansado y, al mismo tiempo, tan relajado.

22. JORGE

Quizás me enrolle, pero lo necesito. Conocí a Jorge cuando me contrataron para un trabajillo de cinco días. Él era el coordinador. En seguida empezó a haber buen rollo. Me preguntó cuántos años tenía y le dije que diecinueve. Al principio él creía que yo tenía más y a mí me pasó al revés, creía que él tenía menos. Cuando me enteré de su edad, me monté paranoias. Él tenía veintiocho años, ya era un hombre hecho y derecho.

Nos enrollamos un jueves. A los dos días, vamos. Yo nunca había tenido una relación seria y me apetecía. Por eso, antes de arriesgarme a tener una sorpresa desagradable, le pregunté de qué iba. Él me contestó: «No nos conocemos aún. Vamos a ver qué pasa». Y me convenció para que fuese más tranqui.

A las dos semanas lo hicimos. Bueno, antes pasaron cosas. Es que me oigo y parezco una guarra, como todo fue tan rápido. Yo no es que sea un putón verbenero, pero un poco de iniciativa sí tengo. Él controlaba y yo no me quería quedar atrás. Le dije: «Soy menor, pero yo también quiero caña». Él dijo que vale.

Cuando nos estábamos enrollando Jorge me explicó que había tenido varias relaciones y me dio a entender que para él lo que hacíamos estaba bien, pero que estaba acostumbrado a cosas más fuertes. Yo le expliqué que había ido a un colegio de monjas, que en mi casa son muy puritanos. De pequeña, estaba convencida de que lo haría cuando me casara. Pero empezamos con los juegos sin penetración y luego fue todo bien, y pim pum pim pam. Cada día pasaba algo.

La primera vez que se la vi, fue en su casa, en un piso viejo con muchas plantas, tope ambiente, muy guapo... Nos estábamos enrollando y él empezó a quitarse los pantalones, a bajarse la cremallera. Me dijo: «Tranquila, Clara», pero yo me quedé supercortada. Y después me dijo: «Tócala, Clara». Y yo, con el dedo. Y él me decía que no me diera miedo. Y yo que pensaba que sólo faltaba que aquello mordiera. Es que son muy raras.

Íbamos hablando del tema. Él me conquistaba diciendo que para él era muy importante la relación y yo por un lado pensaba: «El cabrón me está vendiendo la moto». Pero por otro le creía: «Es verdad, me quiere, no lo dice sólo para acostarse conmigo». Mientras lo hacíamos yo aún me estaba debatiendo entre si sí o si no.

En cualquier caso, me decidí a ir a pasar un fin de semana con él en su apartamento en la costa, cerca de Santander. Le solté una bola a mi madre y me metí en el ajo. Sólo hacía un par de semanas que nos conocíamos. Es que me explico de una manera... Me pongo muy nerviosa al recordarlo. Bueno, al recordarlo, no, pero es que hablar de estos temas no es muy normal, no estoy acostumbrada y no quiero parecer una guarra.

No nos quedamos todo el rato en el apartamento. Nos fuimos a cenar fuera. Él se lo curró un montón para venir suavito. Siempre me está vendiendo motos. Es que aún salimos juntos y sigue haciéndolo. Sólo ha pasado un año.

Cuando volvimos de la cena, nos pusimos y me dijo que debíamos ir teniendo precalentamientos. Y entonces me comí el tarro. Estábamos liados y se me metió en la cabeza que él quería sexo y nada más. Yo me decía: «Bueno, puede que sí, pero me lo voy a pasar bien». Me intentaba autoconvencer. Empezamos a intentarlo, pero me hacía daño. Lo dejamos un momento. Cuando pasó un rato, él volvió a intentarlo y me enfadé. Le dije: «¿Es que no ves que me haces daño?». Me cabreé y me fui a la habitación de al lado, a la de su abuela. Pero él no me siguió.

Su casa es la típica casa de verano, tope vieja, con muebles destartalados. Antes me había dicho que en esa cama había muerto no sé quién y acabé yendo a la habitación de la tele. Y ahí, peor. Era un cuarto del catapúm, con el típico retrato del muerto, uf... Me dio un telele y volví al cuarto con él. Aún estaba cabreada, pero ya le dije: «Jorge, que tengo miedo». Y, al final, vino a la cama. Pero se puso a un lado, en el borde. Y yo, en el otro, dándonos la espalda, típica película americana. Hasta que él se fue acercando y, otra vez. Me hizo un poco de daño, pero menos, y guay.

Cuando fue el momento, no sé si fueron los nervios y no sé cómo decirlo... Es que no puedo. Es que hablo para adentro. Como lo habíamos intentado mucho, al final de la noche la obsesión era: «¿Ha entrado, ya?». «Él me iba diciendo: «Sí, casi, ya, ya, un poco más». Y cuando me dijo que sí, que ya estaba, le pregunté: «¿Ya no seré virgen nunca más?». Y me dijo que no.

Quise mirar si había sangrado. «A ver, a ver, Jorge, la comprobación, la prueba del algodón». Y sí, sangré, pero poco. Y eso que yo estaba segura de que sangraría un montón porque tengo bastante vello y había asociado pelo, fertilidad y superdesvirgamiento.

Antes de irnos lo hicimos otra vez.

A partir de ahí tuvimos sesiones intensísimas. Era una cosa casi obsesiva y hasta le planteé que de vez en cuando debíamos descansar. Es que aquel primer fin de semana ya me dejó reventada. Además, yo no veo mucho, estoy mal de la vista, y cuando tenemos sesiones intensas, veo menos, y ese día parecía drogada. Al volver a casa me paré en un semáforo y no veía las luces, no veía nada de nada.

Me acuerdo perfectamente de ese camino hacia mi casa. Estaba asustadísima pensando en que mi madre me lo podría notar. Iba por la calle diciéndome: «Cómo lo va a saber, tía, que no». Era la misma sensación de cuando llegas a casa borracha y respiras en la puerta antes de entrar. Lo que hice aquella vez fue irme a dormir volando, para quitarme de en medio y para descansar, que me hacía falta.

Y luego el tema de la prevención. Es que es muy heavy. Ésa sigue siendo nuestra gran batalla. La primera vez lo hicimos sin prevención ninguna. Y yo como él no había acabado dentro no sentí ningún temor. Pero después lo comenté con las amigas en el tren hacia la universidad y me pusieron una cara de «¡qué has hecho, eres una inconsciente!». Estaba en exámenes finales, tenía la pelota fatal, vivía sin vivir en mí, y cuando me dijeron que por mucho que él no eyacule dentro, siempre se puede colar algo de líquido preseminal, me puse como una moto. Ni corta ni perezosa, cogí una cabina y le metí el sermón de su vida.

Pero es que el tío, mucha experiencia y todo lo que quieras, pero en el fondo es más cateto que yo. Sabía muy bien cómo moverse, para aquí y para allá, pero de información, nada. Él me había dicho que no había ningún peligro, pero cuando me contaron aquello, me pasé quince minutos chillándole al teléfono como una loca. Encima el examen me fue fatal, un cinco pelado.

Luego me llamó: «¿Estás más tranquila?». Se ve que le metí el miedo en el cuerpo y telefoneó a todos sus amigos para enterarse de los peligros reales. Quedamos para hablar y los dos, pim pum, pim pam, venga charlar. No queríamos dejarlo. Y decidimos que volveríamos a hacerlo, pero con preservativo. Pero en cuanto se agobiaba se lo quitaba, y entonces, a controlar, hay que joderse.

Un día que estábamos en la faena, se corrió antes de tiempo. Dijo: «Lo siento», y salimos corriendo para urgencias. Ahí conocimos la pastilla del día después. Yo me tomé aquel chute de hormonas y él tan tranquilo. El día después, él tranqui, pero yo... Aparte del mal rollo, te sientes mal físicamente, y lo del mal rollo no te lo quitas de la cabeza. Y seguimos batallando con el tema. Me he tomado píldoras de ésas más de una vez y más de dos.

23. EL PATO INGLÉS

Yo iba disfrazado de pato y ella de algo parecido. Era el día de Carnaval y hacía seis meses que nos conocíamos. Yo tenía veintiún años y estaba muy colgado de esta chica. Ella era virgen y para mí era la primera vez que hacía el amor. Follar ya había follado una vez, a los diecisiete, pero no me enteré porque fue una cosa rarísima, así que no sé cuál de las dos veces debería explicar.

¿La primera o la segunda? Es que la primera ni me enteré. Fue en Inglaterra, recién acabado el bachillerato que sufrí en un colegio del Opus. Mi formación era totalmente puritana y no sabía más que lo que había visto en las películas, pero tenía una gran ventaja: estaba en Inglaterra y las inglesas son muy promiscuas. Nos alojábamos en una zona residencial del sureste de Inglaterra y allí nos encontrábamos con las típicas inglesas que nos decían barbaridades, de «fuck off» para arriba.

En ese contexto, en plena época del *Like a virgin* de Madonna, y con tantas tías tan superliberadas, me parecía todo superfácil, estaba convencido de que iba a follar.

Así que una tarde en un parque me lo hice con una tía de dieciséis que iba mucho por allí. Ya nos habíamos enrollado algunas veces. En aquella ocasión, yo estaba con un amigo y hablábamos de lo sencillo que era montárselo en Inglaterra. Yo se lo iba explicando como si fuera una receta, supersurrealista: «En Madrid es muy complicado pillar una tía, pero aquí coges a cualquiera –y cogí a aquella del parque, que no entendía ni jota– y le quitas lo de arriba. Luego, lo de abajo, se lo bajas. Y le pegas un pollazo». Y tal cual lo contaba, lo hacía, y la tía, tan pancha. Ella estaba allí como si nada, se dejó hacer. Fue surrealista, absurdo y no me enteré de nada, pero es que aquellos días en Inglaterra fueron rarísimos.

Para empezar, yo era muy pardillo y andaba como loco ante las nuevas posibilidades que me parecía que se me estaban poniendo por delante. Me alojaba en casa de una familia en la que la madre era muy joven y estaba buenísima. Las inglesas son cien repugnantes y, de repente, aparece una que es una maravilla de la naturaleza. Ésta lo era. Pues bien, el hombre de la casa me dijo que invitara a mis compañeros españoles a una fiesta. Lo hice y todo se desmadró muchísimo.

Este matrimonio inglés era muy extraño. Durante la fiesta, la mujer se puso a bailar conmigo y de repente me dio un morro y me quedé frío, pero su marido dijo «Don't worry, Pedro. It is a joke». Un poco después, la mujer me pidió que subiera con ella a la habitación a darle vuelta al bebé. Yo alucinaba, pero fui y una vez arriba lo que menos me enseñó fue el crío. De aquella habitación salí por patas, supercagado.

Y entre los diecisiete en Inglaterra y los veintiuno, sólo tuve putos rollos, no volví a hacerlo ni una sola vez.

A esa edad conocí a la tía de mi vida, me gustaba un huevo, pero me tuve que ir de Madrid a otra ciudad y ya la perdí. A veces aún me lamento, aquella tía era muy guapa, era una tía muy maja. Pero, al menos, en ese nuevo lugar conocí a una chica y me colgué bastante. Es la chica del pato de Carnaval.

En esa época yo tenía mi Fiat 1, una maravilla que casi me hace llorar cuando tuve que despedirme de él porque estaba lleno de marcas, de medallas y de recuerdos. Aquella noche de febrero fuimos a un descampado y empezamos a hacer el pato. Ella no se enteró demasiado. Yo ahora tampoco sabría decir si me enteré o no, porque llevaba un ciego impresionante. Pero creo que sí sentí algo, porque yo quería a aquella chica, estaba enamorado. No pensaba que era la mujer de mi vida porque soy consciente de que siempre me enamoro de tías con las que no tengo ningún futuro.

De hecho, si tuviese que explicar los últimos doce años de mi vida, diría que han sido una búsqueda de cariño en los que he tenido varias relaciones que siempre han acabado mal, con historias de cuernos y con transiciones en las que yo me he desfasado mucho hasta el punto de liarme con tías sin ni siquiera saber sus nombres.

Ahora tengo treinta años y he cambiado mucho. Por un polvo ya no me esfuerzo y la noche me aburre. El otro día hasta me sorprendí cuando me escuché a mí mismo diciendo que prefería despertarme con cariño a un buen polvo. Es que el sexo es una hora y el día tiene veinticuatro. Y hace falta conversación y entender por qué a todas las tías se les va la bola, porque se les va. Para que una relación vaya bien tienes que aceptar que hay semanas en que las tías están de mala folla y durante esos días hay que aguantar porque se les pasa, se les acaba pasando.

Los tíos somos de Saturno y ellas son de Marte. De todos modos, con los tíos la cosa es más homogénea, me parece. Pero con las tías se complica, porque no hay dos que se corran del mismo modo. Y eso es un aprendizaje, pasan muchos años hasta que comprendes que para que algo funcione se necesita mucha química. Con el tiempo aprendes a distinguir sexo y hacer el amor. Lo he descubierto hasta yo, que siempre he sido algo patoso.

La verdad es que sí, que siempre he sido patoso. Con la chica del pato, por ejemplo, metí bien la pata. Un día, una de aquellas tardes en mi Fiat, al llevarla a casa nos encontramos a su padre delante del portal. Estaba como petrificado mirándonos. Cuando ella salió también se quedó helada y coloradísima a la vez. Tenían los ojos clavados en el preservativo que habíamos tirado por la ventana un rato antes en medio del campo con la mala suerte de que se nos quedó enganchado en la puerta del coche. En aquel instante sólo se me ocurrió decir: «Fíjate qué guarra es la gente, lo que nos han pegado aquí».

24. ÓSCAR

Estaba convencida de que me haría mucho daño. Me hicieron coger miedo. Mis abuelos son catequistas y me protegen mucho. Siempre me dicen: «No dejes que tu novio te toque nada. Los pechos, bueno, pero no dejes que te toque nada más». Óscar había estudiado en un colegio religioso toda su vida, así que en ese sentido nuestra educación era bastante parecida.

Cuando empezamos a salir teníamos dieciséis años. Él era muy tímido, nunca me daba besos. Yo tenía mucho miedo y él aún más. Creo que no le habría importado esperar a que nos casásemos para hacerlo. Sus amigos no tenían novia y eso hacía que él no sintiera ninguna presión. Nunca me daba un beso, sólo cuando me iba. Por eso, a veces le daba el de despedida y después no me iba. Lo alargaba para que tuviéramos que volver a despedirnos y me diera otro.

Siempre he ido tocándole yo antes, y también he sido yo quien ha llevado la iniciativa. Recuerdo que una vez, estando en clase, él me tiró una goma y no me dio.

Y entonces le dije: «¿No te atreves a tocarme ni siquiera con una goma?». El pobre se quedó un poco cortado.

Cuando lo intentamos lo pasamos un poco mal. Yo tengo un apartamento en la playa. Es de mis padres, pero ellos no van, están separados. El piso está inutilizado porque no me lo dejan y es una pena. Pero conseguí hacerme unas llaves para pasar allí los fines de semana con Óscar.

Nos lo montamos muy bien, llevamos comida, cava... Jugamos al ajedrez y nos apostamos que quien ganara se pondría arriba. Nos dimos besos. Él se desnudó y cuando vino corriendo hacia mí ya estaba empalmado. Ya lo había visto antes, pero en ese momento, cuando ya era definitivo, pensé que aquello no me iba a caber de ninguna manera. Estaba nerviosa, pero tenía muchas ganas, me lo había imaginado muchas veces.

No pudo ser. Mientras habíamos estado cenando, todo bien, pero cuando nos acostamos perdió la erección por culpa de los nervios. Nos quedamos sin hacerlo y él se chafó un montón.

Yo no sabía qué decirle. Intenté consolarlo explicándole que ya lo haríamos, pero encima, cuando volvió a su casa, le hicieron cachondeo, porque su familia sí sabía que íbamos a pasar el fin de semana juntos, y aún se puso peor.

La segunda vez fue después de bañarnos en la piscina del apartamento. Estábamos muy bien, pensábamos que lo podríamos hacer allí mismo, pero no teníamos preservativos. Subimos al piso a buscarlos y perdió la erección. La primera vez tenía la excusa del alcohol, pero la segunda ya no había motivo para que le pasara.

Tampoco hubo suerte en el tercer intento. Esa vez estaba en erección y me penetró, pero me hizo daño y la sacó. Se asustó y ya no pudimos intentarlo de nuevo, volvió a pasar lo de siempre. Es que, cuando vio que yo había sangrado, se puso muy nervioso, y empezó a decir que no podía hacerlo, que debía ser culpa de los preservativos, que se le ponía roja. Me dijo que lo mejor era dejarlo estar. Pero yo no quería rendirme y le pregunté si estaba bien conmigo. Porque si lo estaba, yo podría tomarme las pastillas y así nos ahorraríamos el problema de los preservativos.

Lo comenté con mi madre, porque con ella puedo hablar de estas cosas y yo no sabía muy bien cómo iban las pastillas. Óscar aún sabía menos. Él nunca había tenido educación sexual en el colegio. Yo, sí.

Fui al ginecólogo y me recomendó las que me iban a ir mejor y ya pudimos hacerlo. Fue en mi casa, en la cama de mi hermano. Duró poquísimo y me quedé como diciendo: «Vale, era esto, qué desastre». Y entonces él, frustrado, porque había ido tan rápido y no había sabido esperar. Se disculpó. Me dijo que lo sentía, que había estado tan superbién allí dentro, que no había podido parar. Después lo hicimos otra vez, y yo ya me puse arriba y pude controlar mejor.

Aquel día fue fantástico, la segunda vez nos salió muy bien, y le dije que estaba superfeliz. Esa misma mañana fuimos a por las notas de la selectividad. A los dos nos había ido muy bien y pudimos entrar en las facultades que queríamos. Pero el día no fue perfecto, porque era fin de curso y me tocaba pasar las vacaciones con mi padre, y ya me vino a buscar y me enfadé porque siempre tiene que pasar algo para que no pueda tener un día completo de felicidad.

Ahora, cuando lo hacemos, yo llego muchas veces, y

le digo en broma: «¿Te acuerdas de cuando pensabas que eras impotente?». En eso nuestra relación también ha cambiado mucho. Al principio nunca hablábamos de sexo. Una noche, antes de hacerlo, estábamos en un hotel y me estaba tratando de explicar lo del frenillo, pero no sabía cómo decírmelo. Me quedé bastante preocupada intentando adivinar qué clase de problema tendría, porque no entendí nada. Después de hacerlo, ya me lo pudo explicar con naturalidad.

Todo ha cambiado tanto que ahora le escribo cuentos con mis fantasías y ya no siempre soy yo la que lleva la iniciativa, a veces es él. Ya tiene confianza. Antes yo nunca le manifestaba mis deseos de forma muy bestia, sino que se lo dejaba todo a punto, para no asustarlo. Si hubiera sido demasiado directa se habría podido bloquear.

Con mis amigas no lo hablé mucho. Yo fui la primera y me daba un poco de corte. A veces, hasta les mentía. Recuerdo una vez que, por no chillar demasiado fuerte, me mordí en un brazo. Me salió un morado impresionante y cuando lo vieron, me preguntaron: «¿Qué es esto? ¿Te lo ha hecho Óscar?». Les dije que se me había caído un libro encima en casa de mis padres. Esa vez no mentí por vergüenza, pero es que si explicas según qué cosas pierden el valor que tienen para ti y prefieres que formen parte de tu intimidad.

Para mí hacer el amor fue muy importante. La primera vez me puse a llorar como una magdalena. Óscar creyó que era porque había ido todo muy rápido, pero yo lloraba de emoción. Lloré porque me había costado mucho llegar hasta allí, porque lo deseaba desde hacía mucho tiempo, porque me lo había imaginado un montón de veces y, sobre todo, porque sentía que había entregado mi virginidad a un hombre que entonces era un niño, pero del cual continúo absolutamente enamorada después de cinco años.

Después de hacer el amor de aquella manera aún me distancié más de las ideas de mi abuela. Ella me tiene idealizada. Cree que sigo siendo la niña que en octavo sacaba superbuenas notas, y se llevaría un buen disgusto si sabe que actúo en contra de Dios. Yo tengo mi conciencia, pero haciendo el amor no le hago daño a nadie. No puede ser malo algo tan bonito y bueno para dos personas.

25. LA TORTUGA VELOZ

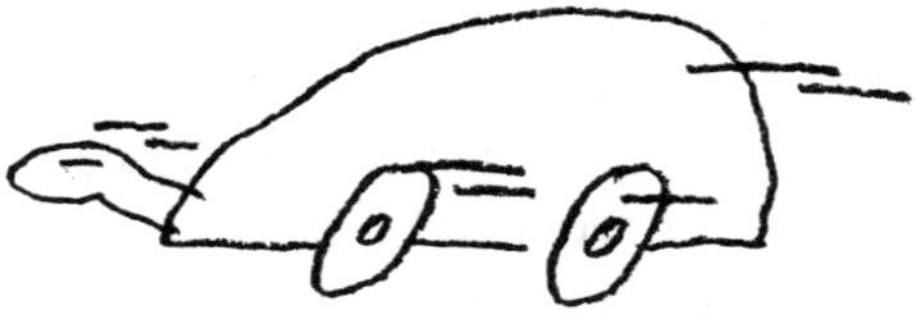

El libro hablaba de tortugas que asomaban la cabecita en acogedoras cuevas y miraban a su alrededor desde el vestíbulo. Luego regresaban a su caparazón y esperaban unos segundos hasta que volvían a **entrar**. El tao describía tortugas maduras y educadas que daban golpecitos en la puerta, dialogaban con la señora de la casa y, finalmente, se iban satisfechas. Nico tiró el manual, no servía para nada. Una visita de cortesía necesita tiempo y aquella guía parecía ignorar que las tortugas jóvenes son impacientes. Y muy veloces.

26. CARME

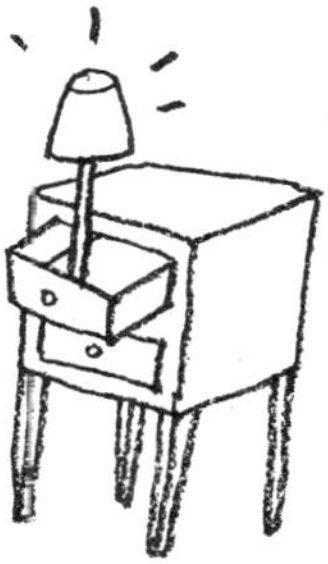

Mi primer polvo fue el tour de Francia. La verdad es que no tengo ni idea de cuándo ocurrió, porque fueron tantos los pasitos, tan poco a poco... Fue al cabo de un año y medio de empezar a salir con ella. Carme tenía quince años y yo ya había cumplido los dieciocho. Entonces nos parecía mucha diferencia de edad y supongo que aquello nos influyó, porque costó un huevo, la verdad. Tuve una paciencia de santo.

Al cabo de dos semanas de salir intenté tocarle una teta y salió corriendo. Después de eso cortamos durante un par de días. Ya no lo volví a intentar hasta que pasaron unos meses. El siguiente paso fue tocarle la «figa», que es una palabra catalana para decir el higo, el coño... Es que yo era castellanoparlante y ella era catalana, y al decir las palabras en catalán me parecían menos fuertes. Suenan como más dulces, más infantiles, y por eso las utilizábamos. Nos ayudaban a quitarle tensión a la cosa... En fin, que todo fue así, etapa por etapa. Por eso siempre pienso que yo no hice el amor, yo hice el tour de Francia: seis meses para tocarle las tetas, seis más para tocarle la «figa» y luego otra temporadita para tocarle las tetas por dentro...

Antes del día «D» y la hora «H», habíamos tenido varias intentonas en un parque. Era una época en que nos dábamos el lote, ensayábamos guarrerías, nos poníamos cardíacos y luego siempre me tocaba salir corriendo todo sofocado. Uno de esos días fuimos al puerto y se la enseñé. Cuando me la vio pegó un grito la tía, que me entró un mal rollo en el cuerpo impresionante. Es que si te pasa algo así ya vas acojonado. Hasta ese día no se la había enseñado a nadie y me quedé acomplejado. Yo sabía que era pequeña –no es muy grande, la verdad–, pero a ver si encima iba a ser fea, yo qué sé. Esas cosas hacen que te comas el tarro muchísimo. Es que el primer día que me la tocó también chilló, la madre que la parió.

Al menos el día que lo conseguimos no fue traumático porque ella no sangró. Habíamos tenido muchas sesiones de trabajos manuales y fue relativamente fácil. Yo también lo llevé bastante bien, porque como en el instituto había oído que cuando lo haces te quedas muy cansado y casi no sirves para nada, había practicado mucho conmigo mismo y estaba en forma.

En el fondo, aquel día es para mí casi igual de importante que la primera vez que me masturbó. Fue en el portal de su casa y ella se asustó mucho porque no esperaba aquel derrame. Luego me compré el coche y ya nos fue muy bien. Conseguimos coger un buen ritmo y alcancé a mis amigos. Todos iban más adelantados que yo, porque hasta que empecé a salir con Carme, todo me duraba un mes, ni un día más, y así no hay quien llegue a nada. Tuve una novia que en dos semanas, ni un beso. Se la había quitado a un amigo y para nada.

Entre unas cosas y otras, era bastante pardillo. Tenía poca formación aparte de las revistas del cajón de la mesilla de noche de mi padre. Allí también guardaba los condones. Le quité más de uno, porque al principio lo hacíamos con preservativo, pero cuando cumplió diecisiete años su madre le regaló las pastillas. Menos mal, porque a mí los preservativos me sentaban fatal. Cada vez que me ponía uno era una historia y al final parábamos porque a mí me daba muy mal rollo.

Esto del sexo es bastante complicado. Después de tantas etapas, el día que lo conseguimos me fui en seguida y ella se quedó a dos velas. Fue penoso, porque estábamos en unas rocas en la playa y no era el lugar adecuado. Entre los nervios que te entran y que ni sabes bien por dónde hay que meterla... Realmente es complicado.

Con el tiempo quise saber dónde estaban todos esos misteriosos agujeros. En aquella época, por supuesto, no tenía ni idea de lo que era un clítoris. Debería haber señales que te indicaran dónde encontrarlo. Yo iba perdidísimo y tuve que decidirme, hala, meterla y ya está. Teníamos que acabar aquello, porque al principio la penetración es esencial, es la frontera, el símbolo. Luego pierde su importancia y a menudo hasta la olvidas.

27. NATALIA

Empezó a decir que me parecía a Henry Fonda y yo lo interpreté como una señal de que le gustaba. Aquella tontería me animó a ensayar algún tipo de acercamiento y empezamos a irnos solos por ahí, sin el resto del grupo. Pero tampoco sabía demasiado bien qué hacer, porque los dos teníamos miedo de romper la magia y la armonía de la pandilla.

Debía ser el primer año de carrera y habíamos estado yendo casi todos los fines de semana a Salamanca. Uno de los compis del grupo tenía una hermana estudiando allí y había muy buen rollo entre ella, sus amigas y nosotros. Natalia compartía piso con Ana, la hermana de mi amigo. Era una tía que gustaba mucho, con unos ojos azules impresionantes y la melena muy negra, pero con algunas canas prematuras. Aquellos pelos blancos le daban un toque muy interesante. En aquella época yo era un poco pardillo y no tenía mucha experiencia, no sólo en el terreno sexual, sino también en el de la seducción. Era más marmolillo que ahora.

Quizás nos condicionó que, en general, no hubo ningún rollo en aquel grupo, aunque al final de verano sí hubo algunos acorralamientos. En aquellas fechas, Natalia y yo comenzamos a hablar en serio y le dije que me gustaría verla durante las vacaciones, pero ella se iba a Barcelona y yo a veranear a mi pueblo. Parecía difícil que pudiéramos coincidir, pero quedamos en que nos telefonearíamos. Estuve como un gilipollas esperando su llamada, pero nada. Incluso me fui a mi casa de Madrid para ver si había llamado allí. Me sorprendió su actitud porque habíamos quedado en serio.

En septiembre decidí presentarme a unas oposiciones, que eran precisamente en Salamanca, y me fui para allá antes que el resto del grupo. Llegué la noche antes del examen y me pillé una habitación en el hotel Reyes Católicos. Antes de irme a dormir, se me ocurrió ir a visitar a Ana, la hermana de mi amigo. Llamé, la puerta se abrió y subí, pero quien estaba arriba no era ella, sino Natalia. Estuvimos charlando un rato y después nos fuimos a cenar, pero realmente no hablamos mucho. Era una tía con bastantes rollos en la cabeza, padres separados, muchos hermanos, mala relación con ellos... Era bastante complicada, pero eso lo descubrí algo más tarde.

Después de la cena, nos recorrimos los sitios que habíamos frecuentado con la peña durante todo el curso, y ya en el último garito, el más emblemático, nos dimos unos besos y empezamos a morrearnos. Luego, mientras la acompañaba a su casa, pasamos por mi hotel y le pregunté si quería subir, pero me dijo que no, que mejor me iba con ella al piso. Y yo, que ya había pagado la noche, la quería amortizar, pero Natalia me dijo que tanto daba, que en su casa estaríamos mejor. Recogí el equipaje y fuimos a su casa.

Cuando llegamos ya eran las tantas y había que empezar el tema, pero el tema fue bastante siniestro. Natalia dijo que iba al váter y yo me quedé vestido en la silla de la habitación. Como no habíamos hablado, no sabía exactamente qué íbamos a hacer ni tampoco lo que estaba haciendo ella en el lavabo, porque se pasó más de media hora allí adentro. Finalmente, salió con una chaqueta de pijama de hombre y en bragas. Al verla, le pregunté: «¿Quieres que nos acostemos?». Y me dijo: «Pues claro». Y ya me desnudé y empezamos a calentarnos.

La primera historia rara empezó porque a ella le apestaba muchísimo la boca a tabaco y ese olor me resultaba muy desagradable, pero tenía que seguir. Y por otro lado yo sólo tenía un preservativo en condiciones, el que guardaba en la bolsa de aseo.

Natalia tenía unas tetas muy grandes, muy bonitas, pero el contexto era bastante frío, sin risas ni nada, con la luz apagada, y no me sentía a gusto. Pasamos un rato tocándonos hasta que deduje que era el momento de ponerse el preservativo y me fui al váter. Entre que encendí la luz y todo ese corte, me enfrié un poco y me lo puse que bailaba, pero me concentré y conseguí salir empalmado y con el condón puesto. Recuerdo que la situación me parecía un poco ridícula.

Cuando volví a la cama seguí con el manual que tenía en mi cabeza. Yo había leído que había que estimular mucho a la mujer, así que me dispuse a besarle el coño, pero sabía fatal, aquello era el puerto de Vigo. Y después de eso, la historia se me hacía más y más desagradable. Es que lo del olor de aquella tía era impresionante, no me ha vuelto a pasar en otras relaciones, encontrarme algo tan fuerte... Ese aroma puede ser muy agradable, pero en aquel caso era horrible. En cualquier caso, estaba encabezonado en que aquella noche tenía que acabarlo y continué, pero era complicado porque no podía olvidarme del tabaco y del muelle gallego. Para completarlo, de repente, ella paró para «confesarme» que se lo había hecho con un tal Bienvenido, el más gilipollas del grupo. Aquello no pegaba allí para nada, era una declaración sin sentido. Entre unas cosas y otras a mí se me fue el rollo. Se me bajó cuando ya la tenía dentro. El preservativo se hizo un gurruño, no me llegué a correr y tuve que retirarme.

Durante un rato, nos quedamos más tranquilos, pero todavía lo intentamos otra vez. Empezamos a estimularnos, la masturbé y ella tuvo un orgasmo, y, entonces, cuando ella ya estaba muy bien, le dio un calambre. Se le agarrotó un músculo y empezó a correr por la habitación. Al principio yo no sabía por qué gritaba tanto, no entendía nada y estaba medio acojonado. Era horrible.

Volvimos a la carga y la tercera historia de la noche tuvo lugar cuando yo saqué otro preservativo que llevaba en la cartera, pero de ése no me fiaba ni un pelo. Aun así, y pese a todos los olores, tiramos para adelante, y cuando ya parecía que estábamos en la dirección correcta, sonó el despertador. Entonces fue cuando me dio un ataque de risa. Se me fue completamente la película y comprendimos que lo mejor que podíamos hacer era dormir.

Un par de horas más tarde, me presenté a las oposiciones. Por supuesto, hice el ridículo. Ella vino a recogerme. Me dio una sorpresa, porque no la esperaba. Apareció guapísima la cabrona, recién duchada, con el pelo mojado y un vestido con un jersey blanco. Estaba preciosa. Y ya desayunamos muy bien y el resto del día fue muy bonito. Aunque sigo preguntándome qué demonios hizo aquella media hora en el váter, porque ducharse no fue.

28. EL HOMBRE DEL PARQUE

Quisiera redefinir unos cuantos términos, porque todo depende. Vamos, que uno puede no saber muy bien cuándo perdió la virginidad.

La primera vez que me corrí tenía como doce años y fue viendo a mi hermano, pero para mí eso no fue una relación sexual, lo que sí hizo fue despertar algo en mí, me di cuenta de que una parte de mi cuerpo tenía vida propia. Después, a finales del colegio, tuve una novia y tuvimos experiencias sexuales, pero para mí fueron fatales. En esa etapa, tuve dos relaciones con dos mujeres. Creo que se lo pasaron fenomenal, pero yo no conseguí correrme ninguna de las veces, por eso creo que no perdí la virginidad.

Aquellas experiencias las comenté con los amigos, se trataba de eso. En el fondo estuve con aquellas mujeres por la presión que sentía. Y supongo que también porque creía que de aquella manera, estando con mujeres, normalizaba algo que yo intuía que no acababa de funcionar conmigo. En cualquier caso, pensaba que todos aquellos juegos no podían hacerme daño y que, por el contrario, servirían para trabajar lo que ya había descubierto con mi hermano.

Entonces, a los veintiún años, me fui a Bogotá a estudiar. A mí me gustaban los tipos por la calle. Yo los miraba, ellos me miraban, pero claro... Fue un poco duro. En aquellos tiempos, tenía un estudio de arquitectura con unos amigos. La oficina estaba junto a un parque. Yo pasaba por allí y veía cosas. Y sentía cosas, pero...

Esa época la pasé confuso y un amigo me abrió el mundo. Me dijo que no era tan grave lo que me pasaba, que tenía muchas almas gemelas en el mundo, pero yo no las conocía, no estaba en ese rollo. Veía que iba por ahí la onda, pero no lo afrontaba.

En cualquier caso, yo tomaba el bus todos los días en el parque. Siempre me quedaba embobado mirando, porque veía que allí siempre pasaban cosas. Tenía mis fantasías, me compré algunas revistas de tíos... Tenía ganas, muchas ganas de que pasara algo, pero mi único contacto con la realidad gay era el parque.

Un día en que estaba en la parada del bus, vi a un tipo que me miraba y me miraba. Me quedé parado, dejé que se fuera el bus. Cuando él vio mi pasmo, se me acercó y me invitó a pasear. Yo le dije que no, que no, que fuésemos a mi estudio. Se lo dije directamente, con un atrevimiento increíble, pero en el fondo lo que pasaba era que yo no quería que me vieran por el famoso parque paseando con un tipo.

En aquel momento me lo pasé muy bien, lo comprendí todo. Pero después me sentí muy sucio, necesitaba bañarme. Él era como medio bajito, increíble. Estuve sólo un rato con él. No tengo ni idea de cómo se llamaba, ni sé si era inteligente o bruto, si era animoso o mimoso, pero con el tiempo me he dado cuenta de que se ajustaba bastante al tipo de hombre que me gusta. Era como serio, tranquilo y no muy «aliñado», mayor que yo. Igual era joven, pero yo sólo tenía veintiún años y puede que él tuviera ya los treinta. Ahora tengo veintiséis y puedo salir con hombres de treinta y ocho, pero no sé. Entonces él era un hombre que sabía lo que quería y yo no. Para mí es un «nn», un «no nombre», nunca existió. Tanto es así que nunca le he explicado a nadie este encuentro, todos piensan que me desvirgué con mi novio, un tipo del que me enamoré un año y medio después. Fue con él con quien hice el amor por primera vez. Me atraía, me gustaba y esa vez no hubo ni remordimiento ni culpa ni nada. Además, mis amigos y mi familia ya sabían que era homosexual. Se lo había contado y cuando lo hice me sentí dueño del mundo. Yo pensaba: «Igual me quedo solo, pero y qué, pues me quedo solo, pero esto tengo que contarlo».

Por eso decía que resulta lioso saber cuándo se desvirga uno, yo cuento cuatro veces: la de mi hermano, la de las mujeres –que para mí son una sola–, la del hombre del parque y la de mi novio.

Entre la primera y la segunda vez pasó mucho tiempo, más de año y medio, pero entre la segunda y la tercera, y la tercera y la cuarta, y la quinta y la decimoquinta, no dejé pasar más de una noche. Eso sí, con mi novio me hice el ingenuo. Ni siquiera se lo conté al amigo que me había abierto el mundo que yo me negaba. Es que sentía que lo del hombre del parque había sido perverso, me sentía una bestia.

El caso es que fue una extraña perversión porque la

verdad es que estaba muerto de miedo. Lo recuerdo a él en el parque y luego ya en el estudio, los dos juntos. Pero el trecho que recorrimos entre uno y otro sitio, eso se me borró. No recuerdo si hablamos, creo que fue supertenso.

Cuando llegamos al estudio dije... Creo que dije tres pendejadas. El tipo me comentó que yo era muy tímido. Y luego ya no hablamos, empezó la acción. Mientras sucedía era como estar en una borrachera. No era consciente de nada. El tipo fue totalmente dominante. Yo me dejaba hacer, pensaba: «Úsame». Hubo penetración y no usamos condón. Siempre había sido muy consciente del tema de los riesgos, me tenía por una persona razonable, pero estaba inmerso en una tremenda borrachera. Menos mal que no nos pasó nada, pero después tuve miedo, lo pasé fatal. Me dejé llevar y luego sentí montones de cosas, mucha culpa y muchos remordimientos.

Aquel día las cosas no fueron del todo como me las esperaba, pero tampoco absolutamente diferentes. Hubo algo de todos aquellos fetiches que tenía en mi cerebro, el rollo de la penetración. Me parecía morboso y excitante, pero veía que era forzada, sabía que era algo que había que hacer necesariamente. Eso se me metió en la cabeza. Desde aquella tarde, se me quedó fijado. No sé por qué, pero en una relación sexual creo que tiene que haber eso. Si no, para masturbarme delante de un tío, prefiero hacerlo solo y así me imagino cosas mejores. Lentamente empiezo a entender que no es absolutamente necesario que haya penetración, pero realmente me cuesta.

Es raro, estoy superliberado, pero no podía contar

esta historia. Realmente era un tabú para mí. Ahora comparto piso con un medio intelectual, alguien que siempre te está haciendo pensar y te plantea retos mentales. Podría hablar perfectamente de esta experiencia, no sé, quizás lo haga.

29. MARCELO

Toda mi vida he estado enamorada de mi primo Marcelo. Yo lo veía todos los veranos cuando íbamos a Valladolid y cada año lo mismo, qué bueno está mi primo, qué bueno. Pero claro, era mi primo y no me planteaba nada, era mi primo y ya está. Hasta que una noche en que ya teníamos una edad –yo, diecinueve– estábamos en la feria del pueblo de al lado y empezamos a bailar. Él había venido con sus amigos y yo con otra prima mía. Sonó la canción *Devórame otra vez* y me gustó y era todo como muy... No sé... Le di un beso y él me lo devolvió y entonces le di un bocado y él lo mismo, y ya la cosa se encendió y nos fuimos a un parque de por allí cerca.

Recuerdo que empezamos a revolcarnos en el césped. Yo llevaba unos pantalones blancos y él algo clarito. Y cuando estábamos tan efusivos, de repente, salió una pareja de un matorral que había allí al lado. Fue un punto, un shock. Nos dijeron: «Pareja, ¿queréis meteros en el matorral, que aquí se está de puta madre? Nosotros ya nos vamos». Aquello nos cortó el rollo de una manera impresionante. Además, en ese momento, me vi los pantalones completamente verdes, y ya me puse nerviosa.

Para colmo, eran las siete de la mañana y yo había quedado con mi prima en que la vería después, pero, como tardé tanto, cuando llegué ya no estaba. Entonces me fui por las calles de la feria a buscarla, y él volvió a por sus amigos. Durante aquel rato nos encontramos un par de veces y casi ni nos mirábamos, porque nos dimos cuenta de que se nos había ido la olla. Después de eso y hasta que se acabó el verano, nos daba mucha vergüenza vernos y cuando nos veíamos hablábamos muy poco, lo mínimo.

Por Navidades, volví al pueblo, y el primer día estuvimos muy cortados. Pero esa misma noche, a última hora, ya nos enrollamos en el pub, y el camarero flipando: «Pero... ¿éstos no eran primos?». Salimos fuera y empezamos a hablar, pero en seguida me levantó la camiseta. Le dije que hacía mucho frío, y como además veía que íbamos a acabar haciéndolo, le dije que ni hablar, que mi primera vez tenía que ser una cama, que no lo iba a hacer contra una pared. Entonces él me dijo que no tenía ni idea de adónde podíamos ir, hasta que un ratito después se acordó de que tenía unas llaves de una casa que aún no sé muy bien de quién es.

En cualquier caso, aquella casa era contigua a la de otra de mis tías –la mitad del pueblo es familia mía–, y yo me puse muy nerviosa porque la puerta no abría ni por casualidad y hacíamos mucho ruido. Me daba miedo que alguien saliera porque aquellas calles son muy silenciosas. Después de tanto esfuerzo, pudimos entrar, pero no encontrábamos la luz y él se estuvo quemando las manos encendiendo mecheros hasta que encontramos los plomillos y pudimos instalarnos en la primera planta de la casa.

Cuando nos acomodamos en una habitación, me entró el mal rollo. Le decía: «Marcelo, que esto no puede ser, que somos familia. Que no, que además este cuarto no me gusta». Y entonces cambiamos a otro, pero cuando ya estábamos liados vi un cuadro con el patrón de mi pueblo y al otro lado la patrona. Y le dije: «Paso, primo, paso, que delante del Cristo yo no hago nada, que le tengo mucha devoción. Yo no hago guarrerías tan fuertes delante del Cristo, y menos con un primo». Y él me dijo que ya valía de tonterías.

Me sacrifiqué y nos concentramos en la tarea. Aunque de vez en cuando yo aún decía algo de los santos. Con ese tema lo estaba mosqueando y me preguntó si quería que los descolgase. Y ya fui más sincera y le confesé que nunca había estado con un tío y me daba mucho corte.

Finalmente, empezamos a hacerlo. Yo estaba muy tensa y él estaba a tope. Yo pensaba «no puedo, no puedo», pero seguía. En esas, Marcelo se fue un momento y cuando volvió ya traía el preservativo puesto. Pero no lo pudimos hacer porque yo estaba fatal de los nervios y no había manera. Además se hizo tardísimo y tuvimos que irnos.

Al día siguiente nos vimos en un bar. Yo estaba con mis padres y no me atrevía a mirarlo, pero al final me levanté a saludarlo:

–Te tengo que decir una cosa: No estoy embarazada. Esta mañana me ha venido la regla.

–¿Tú estás tonta? ¿Cómo vas a estar embarazada, si no hemos hecho nada de nada?

Me puse super colorada y le dije: «Pues me voy con mis padres». Y así, cortadísima, estuve hasta fin de año. Para esa fecha aún tenía la regla. Después de las uvas, me lo encontré en una discoteca, le deseé feliz año y me fui. Tres horas después me buscó y me dijo: «Tengo unas ganas de darte un beso». Y yo, «para, para», hasta que decidimos salir a un callejón y empezamos a enrollarnos apoyados en una pared. Cuando me bajó las medias y las bragas, le avisé de que tenía la regla, pero me dijo que no me creía.

Comenzamos a hacerlo de noche y se hizo de día. Cuando nos dimos cuenta, él estaba todo manchado de sangre y yo de cal. Al verse soltó: «¡La madre que te parió, cómo estoy de pringado!». Pero nos reímos mucho y yo le pregunté: «¿Qué le vas a decir a tu madre?». «Pues que me he peleado con un tío y que le he hecho una brecha en la cabeza.»

Fue un corte regresar por las calles con aquella pinta y todo el mundo mirándonos.

Al día siguiente, estaba yo acostada cuando llegó mi tío-suegro a visitar a mis padres. Desde la cama le oí decir:

–Anoche mi Marcelo llegó a las siete.

–Pues mi Marta también –dijo mi madre.

–A lo mejor estuvieron juntos, ahora van en el mismo grupo.

Cuando me levanté le dije a mi madre que sí, que había llegado muy tarde, pero que había estado con mi primo y así ella ya se quedó más tranquila.

30. EL CARROMATO

Le habían contado que una chica muy morena había empapado las sábanas, que el colchón quedó estropeado para siempre. Decían que su novio no la consoló, que se marchó en seguida y la dejó en el piso sola, poniendo lavadoras. Aquella historia llegó a obsesionarla. Yolanda era agitanada, no se parecía a nadie de su familia. Quizás en su caso el cuento de la niña recogida en un barranco sí era verdad. Seguro que se cayó de un carromato. Nadie parecía darse cuenta, pero **su sangre era diferente**. Era poderosa, incontrolada, inoportuna. Sólo con verla, Yolanda se mareaba. Siempre estaba dispuesta a escaparse a través de pequeños rasguños y, a menudo, se burlaba de ella desde el fondo del váter. Aquella sangre era traidora: subía hasta su cabeza y bajaba hasta su vientre, rápida y rabiosa como una tormenta. Amenazaba con volverla loca, y Yolanda no quería sorpresas, esa vez, no. Antes de desnudarse, se sentó en la cama y buscó una señal en la palma de sus manos. Apeló a sus genes zíngaros y les suplicó que le susurraran en el oído, muy bajito, si esa noche, ella y su sangre iban, por fin, a hacer las paces.

31. ROGER

Fue haciendo un trabajo de una asignatura soponcia para cagarse y estábamos en el ordenador escribiendo los textos. Previamente, por su parte había habido un intento de «connecting people», pero me negué porque yo era muy pura para estas cosas. Me cogió pánico y pasé. Entonces fue él quien pasó de mí y yo empecé a interesarme por él. Y así, hasta lo del ordenador.

Aquella tarde me dolía la espalda, realmente me hacía daño. Llevábamos demasiadas horas delante del ordenador y decidimos hacer una pausa. Pusimos música para descansar y entonces empecé a masajearle los músculos del cuello, para destensarlos. Y luego él me masajeó a mí. De repente, estaba boca arriba y él encima. Yo me sentía muy relajada, para nada era consciente de que estaba follando, no me lo podía imaginar. Pero creo que él sí lo sabía. Y entonces viene una parte que no recuerdo. Sólo sé que él apagó la luz para que no me sintiera intimidada. Roger sabía que yo era virgen.

Siguió masajeándome un buen rato y yo ya no tenía

camiseta. Cuando me di cuenta de lo que estaba pasando, me sorprendí mucho. Me dije: «Estoy desnuda con éste». Y me corté. Pero ya estábamos liados. Entonces él hizo algo que se me ha quedado grabado para siempre. Me dijo que lo abrazara fuerte para contrarrestar el dolor. Y ese abrazo es lo que más recuerdo.

Evidentemente no tuve ningún orgasmo. No sé si usamos preservativo, si él fue cariñoso... Sólo sé que lo abracé muy fuerte. Ese tipo de imágenes se te quedan grabadas porque estás en plan dramático. Yo siempre había pensado que sangraría y sangraría, que dejaría la sábana completamente roja y luego la enseñaría, como las gitanas. Y a la hora de la verdad, ni una gota. Te dicen que puedes perder el himen montando a caballo, pero yo nunca me he subido a ninguno. Y tampoco soy consciente de haber hecho piruetas en ninguna bici. Lo de no sangrar me produjo una sensación de desengaño, fue una decepción. Pensaba que aquella vez no había sido suficiente, que si no sangraba aquel acto no tenía suficiente fuerza, perdía dramatismo, pasión.

No sé si sobamos, si hablamos... Pero estoy segura de que no tomamos drogas y eso es importante. Tampoco recuerdo si él se corrió. Debía tener dieciocho o diecinueve años, y además lo hice como alucinada... No fue aquello de que te tiras a un tío porque estás desesperada. No fue nada buscado, pero Roger me gustaba mucho, era un tío superguay y realmente me molaba. Fue una de esas pocas veces en que haces algo importante sin paranoias, sin inventarte efectos especiales como que hay una cámara en el techo que te está grabando o cosas por el estilo. Lo hice sin más, como algo natural.

Luego se lo conté a Eva, mi álter ego. Coincidió que

en esa época ella también se desvirgó. Somos amigas de la infancia y llevábamos años diciéndonos «a ver cuándo follamos». Después de aquello, Eva me regaló un Kamasutra y en la dedicatoria escribió: «Había una vez dos niñas vírgenes».

La historia me cambió, dejé de ser tan pura. Roger y yo nos enrollamos un montón de veces, pero como él salía con una tía para mí era una especie de amor platónico. Para él, yo sólo era una colega, muy buena colega, pero nada más. De eso hace cinco años y ahora sí estamos saliendo juntos. A veces hablamos de aquel trabajo y no sabemos si lo acabamos o no.

32. SUSANITA

La primera vez que lo intentamos fue un fracaso por la mierda de las botas. Yo llevaba unas botas por encima del pantalón y hasta la altura de las rodillas, y como no teníamos ni casa ni coche ni nada y estábamos en un descampado, pues me tuve que bajar los pantalones, pero tenía las botas y, en fin..., que adoptamos una postura muy incómoda y decidimos dejarlo para otro día. De todos modos, no estaba planeado, fue algo que pasó.

Conocí a Susana, Susanita, cuando me fui de mi pueblo a trabajar en una ciudad del País Vasco. Empezamos a salir y al cabo de dos o tres semanas, un día en que fui a acompañarla a casa, nos despistamos por detrás de su bloque. Allí hay una ermita y estuvimos despidiéndonos un buen rato. Al principio era la tontería típica, pero luego la cosa fue en ascenso, cada vez más y más. Y ésa fue la noche de la primera intentona, la de las botas.

Al cabo de dos días, dos cuartos de lo mismo: la acompañé a casa y pasamos por la ermita. Queríamos sentarnos en unas piedras que había al lado de la iglesia, pero cuando llegamos había una pareja. Aun así, nos instalamos. Por suerte, a ellos les dio corte y se fueron en seguida.

Me senté en el banco de piedra, ella se puso encima y lo hicimos. Y fue complicadillo porque Susana tampoco lo había hecho nunca. Costó, pero creo que los dos pensamos lo mismo, que eso había que acabarlo aquella noche como fuera. Yo, en concreto, no quería volver a casa con otro dolor de huevos. Pero ese día me fui con otra cosa peor: Me había puesto un pantalón blanco y se me quedó rojo con tanta sangre. En aquella época yo tenía diecisiete años y vivía en casa de unos familiares que me habían dejado una habitación en su piso, y me daba un corte impresionante que María, la madre de la casa, viera aquel desastre. Así que tuve que hacer maniobras para llevarlos a la tintorería. Es que el fin de semana antes, en una discoteca ya se me había derramado una copa de Marie Brizard en los pantalones negros y aquella mancha blanca quedaba de lo más sospechosa. Cuando la vio, María ya me dijo: «A ver si nos vamos a llevar un vasco para Sevilla».

Eso no me daba miedo, porque yo controlaba. Pero tengo que reconocer que no tenía mucha idea, ni siquiera para ponerme el preservativo. El que utilizamos aquella noche cogió aire, porque ni ella ni yo teníamos idea de cómo se colocaba. Total, que ni lo noté, era algo como flotante.

Fue un poco decepcionante, siempre te esperas mucho más. Después también pasaba que Susana era virgen, pero no me lo había dicho. Al contrario, me mintió cuando se lo pregunté. Pero es que yo se lo pregunté primero y le dio vergüenza admitir que no lo había hecho nunca. Cuando a continuación yo sí reconocí que lo era, ya era demasiado tarde y no se atrevió a confesar. Por eso, cuando lo hicimos y ella sangró de aquella manera, me quedé superparado y le dije: «Hija mía, pero ¿esto qué es? ¿Tienes la regla?».

33. TONI

Hay que entender los días anteriores, porque si no puede sonar bestia. La verdad es que fue algo muy biológico, muy físico. Empecé a salir con Toni en septiembre, pero entonces yo tenía diecisiete años y quería tener al menos dieciocho antes de perder la virginidad, así que esperamos unos meses. Finalmente, lo probamos en el campo para ver cómo funcionaba, para adecuarnos y eso, pero yo me ponía muy nerviosa y no había manera, no entraba. Era imposible. Después me fui a Alemania y fue la primera vez que pasamos mucho tiempo separados. Cuando volví, esa semana, nos decidimos.

Fuimos a la playa, el efecto beneficioso de la playa es muy importante. Habíamos estado intentándolo un montón de días y, de pronto, en el Renault 5, que era de lo más cutre, pues sí. Debían ser las ganas del tío, el caso es que al final entró. Y el recuerdo que más tengo es que «plaf», entró. Él decía: «¡Qué placer, qué placer!», pero yo en lo que pensaba era en que se me había roto el himen, sólo pensaba en el himen, «he dejado de ser virgen, ostras, que ya está, que no tengo himen». Y me quedé hecha polvo.

A mí él me había estado inflando la cabeza un montón de veces diciéndome que íbamos a ir a Andorra, a pasar un fin de semana romántico, y luego fue así, en aquel cutrerío. Y pensé: «¿Y ahora el fin de semana, qué?». Me lo había imaginado todo tantas veces, tan romántico... Y resulta que era así, que te quedabas con la rotura del himen, sangrabas...

Durante esa semana él no paró de decir que había sido fantástico y «tin tin tin», y «a por otra, no te preocupes». Estaba contentísimo de que ya no hubiera obstáculos. Pero yo sólo estaba pendiente de aquello, que se me tenía que curar. Estuve sangrando una vez por día y no paraba. Pensaba que tendría que ir al médico, «esto no para, no sé...». Él tenía experiencia, tenía veintidós años. Me decía que no le diera importancia, que ya se acabaría. No se lo conté a mi madre, pero tampoco me dio vergüenza ni tuve miedo de que me lo pudiera notar en la cara. Pensaba que si no se había dado cuenta antes, con las guarrerías que había hecho en el campo, pues no iba a fijarse ahora.

Si hubiese sido superromántico... Es que fue asqueroso porque el coche estaba lleno de polvo y sangré como una loca. No estaba por la faena, sólo pensaba en las infecciones que iba a pillar allí. Fue muy rápido, sólo cinco minutos. Me sorprendió la facilidad con que lo conseguimos ese día. Las veces anteriores todo había sido muy suave, íbamos con cuidado y con el preservativo, y aquel día todo fue más bestia, él debió hacer más fuerza, no sé... Visto ahora, después de tantos años, estoy segura de que le diría que no, que yo quería ir a Andorra.

34. ANÓNIMA

Recuerda todos los detalles: dónde estaba sentado, la camisa que llevaba, lo difícil que había sido abrocharse los pantalones. Y la voz. Se le quedó grabada su voz insegura y embustera. Aquella tarde mintió durante horas. Sus amigos querían oír que había sido maravilloso, sumar montones de polvos. Aprovechó la ocasión para intentar engañarse a sí mismo, pero sigue sin creerse. Y sí, recuerda todos los detalles, los de aquella esperpéntica rueda de prensa en el parque, pero apenas nada de la noche anterior. Aquella chica no tenía nombre, la discoteca ya no existe y los polvos no fueron mágicos. Incluso el color de su pelo era **mentira**.

35. ISABEL

En media hora cayeron todos los mitos. Y, aunque pueda sonar tópico, noté que había perdido la inocencia. Sentí que todo el mundo me había mentido. Por un lado, aquellos que me hicieron sentir culpable con moralismos absurdos. Por otro, las películas, que nunca muestran los problemas técnicos y sólo enseñan camas perfectas, en las que no hay olores y a nadie le da pis en el momento crucial.

Después de hacer el amor por primera vez, la relación con mis padres cambió totalmente. Pasé de pensar que había hecho algo malo, a estar a la defensiva, muy agresivo, muy escéptico. A partir de aquel momento empecé a cuestionármelo todo mucho más. Fue como un punto y aparte. Años después he visto una reacción parecida a la mía en gente más joven. Recuerdo el día después de que la hermana de mi novia se desvirgara. Estaba rara, como medio enfadada, en tensión.

Hacer el amor no tiene nada que ver con el cliché de Romeo y Julieta, sino que es mucho más animal. Yo imaginaba algo muy intenso y no lo es tanto. Te decepciona porque no te lo pasas tan bien como te había dicho la tele. A veces, puede ser hasta desagradable. Por ejemplo, si la chica es virgen y sangra, puede ser una situación violenta, para ella o para él. Pero lo que sí es verdad es que primera vez sólo hay una, y luego todas las siguientes están en la misma categoría. Pese a todo, siempre es especial y supongo que por eso la gente no suele explicarla, se la guardan para ellos casi como un secreto.

Y aunque se me cayeron todos los mitos, la verdad es que estoy orgulloso de cómo fue mi primera vez. Sobre todo me gusta haber esperado el momento oportuno y no haberlo hecho antes sólo por probarlo. Algunos amigos míos no es que fueran de putas, pero casi... Y yo, por ser como soy, esperé. Para mí tenía que ser especial, no pensaba esperar al matrimonio como me decían en el colegio fundamentalista en el que estudié, pero sí necesitaba sentirme a gusto.

Lo hice con alguien de quien estaba muy enamorado. Antes había salido con un par de chicas, pero de ésta estaba colgadísimo. Yo tenía diecinueve años, ella era un año mayor y ya no era virgen.

Antes de que pasase, estuvimos saliendo seis meses. Lo retrasábamos, los dos evitábamos el momento. Ella porque salía con un tío que vivía en Italia, el típico rollete de verano, que no te lo tomas muy en serio, pero tampoco se atrevía a ponerle los cuernos. Y yo porque me sentía muy presionado con el rollo moral del colegio. La verdad es que me daba algo de miedo. Y también hay que tener en cuenta que los dos éramos muy idealistas, mucho más que ahora. Yo ya no lo soy, no sé ella.

Isabel y yo nos conocimos durante las huelgas de la facultad. En esa época nos pasábamos el día en el bar y ésa es la imagen que se me ha quedado: estar en la cafetería e ir intimando con ella como no lo había hecho antes con nadie. Empezamos en diciembre y lo hicimos por primera vez el once de junio del año siguiente. Fue durante un fin de semana que nos quedamos en el piso donde yo veraneaba. Éramos un montón de gente y estábamos muy borrachos. Había un follón que te cagas y todo era bastante loco. Sé que no lo hicimos en público, que nos metimos en una habitación, pero tengo un recuerdo borroso de las horas antes. Lo que sí sé es que durante toda la noche se produjeron un montón de detalles que dejaban adivinar que iba a suceder, que iba a ser esa noche. La cosa era como imparable.

La sensación fue brutal, no como me la había imaginado, no como en el cine, pero brutal. Claro que lo hicimos con marcha atrás, porque yo no iba preparado, y estuve más pendiente de retirarme a tiempo que de disfrutar hasta el final. Estaba algo tenso, porque no sabía si iba a saber hacerlo –retirarme a tiempo, quiero decir–. Y aun así, fue brutal.

A partir de ese momento, empezamos una relación superpasional. Isabel tenía que aclararse las ideas. Oficialmente, era la novia de otro, y, además, sus padres eran muy absorbentes. Siempre andaba mintiendo para estar conmigo. Por mi parte, yo estaba alucinadísimo. Tenía la sensación de que nos estaban filmando, porque nos descontrolábamos a cada instante. Era la época de *Nueve semanas y media*, y fuimos a verla porque nos sentíamos un poco así. En ese sentido, estábamos los dos al mismo nivel. El hecho de que ella no fuera virgen no nos afectó, no sentí ninguna clase de complejo de inferioridad, porque fue todo tan sensacional –de sensaciones, no de maravilloso–, que no importaba. Los dos vivíamos las cosas con la misma intensidad.

En agosto llegó el italiano y ella volvió con él. Hasta entonces, fue una relación superbestia, la más pasional que he tenido. Luego ha habido otras que tenían cosas que valoro más, pero aquella pasión no la he vuelto a experimentar. Mientras duró, los tabúes se me derritieron, tenían pies de barro. Y después de que todo acabara, yo ya había cambiado. Me di cuenta de que aquellas convicciones morales nunca fueron del todo mías, porque no las había pensado por mí mismo, simplemente me había pasado la vida oyéndolas en boca de otros.

36. JUAN LUIS

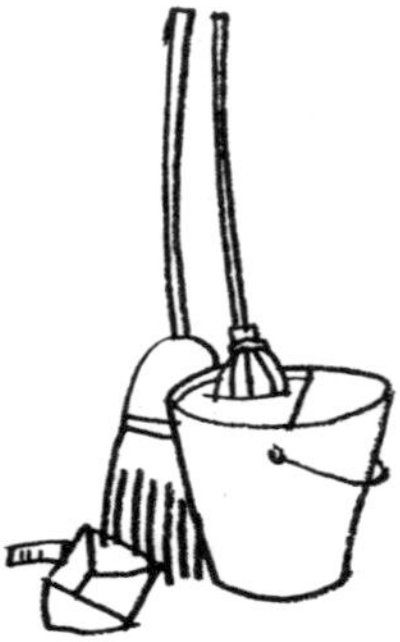

Ha sido el secreto mejor guardado. Nunca me atreví a confesarle mi decepción, jamás le dije que para mí no fue nada placentero. Y ése fue mi gran error, el primero de muchos, pero cuando empezamos a salir yo sólo tenía dieciséis años y no sabía demasiado bien qué quería decir que el sexo puede ser una fuente de placer y armonía personal. En aquel momento, lo único que sabía es que Juan Luis ya tenía veintitrés años y que, supuestamente, había perdido la virginidad con una francesa. Eso equivalía a tener mucha experiencia, pero con el tiempo he llegado a la conclusión de que debía de ser mentira, porque él tenía menos idea de sexo que yo de biología comparada.

Cuando decidimos hacerlo, yo actué más por curiosidad, por ganas de probar, que por deseo. Aunque también es verdad que me parecía muy bien que fuese con aquel chico porque era como ponerle el sello de excepcionalidad a nuestra relación. Hasta entonces no habíamos compartido más que besitos. Él siempre había tenido muchas ganas, pero durante un tiempo yo me resistí. Me veía muy joven.

Recuerdo que al mes y medio de salir, me pidió que le tocara y me escandalicé. Finalmente, la situación evolucionó y hacer el amor se convirtió en la manzana que tenía que caer del árbol. Por otro lado, era muy halagador que alguien te deseara tanto. Desde la fiesta del instituto en que nos conocimos, Juan Luis me pareció muy interesante. Era un chico con pendiente y parecía de otra generación: trabajaba, tenía coche... De todos modos, cuando me pidió para salir lo mandé a la mierda. Una amiga mía se había colgado de él y yo no me sentía enamorada, pero unos meses después tomamos un café, me pidió una oportunidad y empezamos.

Un domingo fuimos a limpiar su casa, porque a su madre le dolía la espalda y no podía hacer faena. Le ayudé para no aburrirme. Era un día de primavera precioso, antes de Semana Santa. Abrimos las ventanas para que se secara el suelo. Disfrutamos de las vistas al mar de Tarragona y bebimos vino, vino blanco. Siempre ayuda. No hablamos mucho y dejamos que el alcohol hiciera su efecto. Cualquier palabra nos habría delatado a los dos. Yo sabía que él tenía preservativos.

Cuando todo acabó, pensé: «¿Y era esto? Vaya mierda». Pero es que cuando no hay deseo... No es violento, porque sientes cariño, te sientes querida, sois muy amigos. No sientes que él te haya estafado, sino la gente que te ha dicho que es maravilloso y la culminación de algo.

Y le mentí. Si no lo hubiera engañado en aquella primera ocasión quizás habría sido diferente. Pero si mientes la primera vez y durante cuatro años después, la situación se hace insostenible.

Pensé que era frígida, que no iba a disfrutar nunca. Me sentía culpable y a poco que me encontrara una amiga vacilona me sentía avergonzada. No sabía qué era el placer. El onanismo era un concepto reservado a las vírgenes y no lo practicaba. Pero lo único que sucedía era que había confundido amistad y amor, cariño y deseo. Donde tenía que haber deseo, sólo había curiosidad y mucha ignorancia.

Todo eso lo supe después, cuando conocí a un pijo de Barcelona. El Instituto de la Mujer tendría que contratarlo para follar. No le conocía de casi nada, pero en seguida comprobé que Álex había nacido para el sexo. Era pura energía sexual. El primer beso que me dio fue definitivo. Lo reconocí inmediatamente: «Esto es el deseo». A las treinta y dos horas de presentarnos ya estábamos en la cama. Cuatro polvos seguidos.

Álex era mecánico y conductor de rallies. No había leído un libro en su vida, no teníamos nada que ver el uno con el otro. Aun así, mantuvimos nuestra relación durante un año y medio. Él tenía novia, pero creamos la ficción de que algunas veces salíamos a cenar. Estábamos en un restaurante y a menudo no podíamos esperar. Dejábamos los platos casi sin tocar, 3.000 pesetas para pagar, y nos íbamos corriendo a follar. Hubo una noche en Tossa que siete veces. No podía caminar. Ese día pensé que se podía morir de sexo y me pareció que no estaba mal como muerte. Era como el chiste de las cucarachas: «¿Cómo se mueren?». «A base de polvos.»

La comunicación con Álex era ocular y cada vez que hablábamos era para cagarla. Pero aquella maravilla me cambió la perspectiva. Con él nunca tuve reparos a la hora de expresar mis deseos ni tampoco para entender los suyos. A veces pienso que si hubiera sido sincera con Juan Luis la cosa no habría acabado de aquella manera. Pero siempre mentí. En más de una ocasión lloré porque cuando pasaba tres o cuatro meses evitándolo, él se ponía de mal humor y llegaba un día en que sabía que teníamos que hacerlo. Y entonces se me caían las lágrimas porque sentía que hacerlo era una traición hacia mí misma y también hacia él.

Una vez, Juan Luis me preguntó por qué lloraba y mentí como una bellaca. Le dije que era de emoción y al escucharme sentí un vacío muy grande. Cada intento fallido era como una muralla que me separaba de él y todos fueron fallidos. Cuando lo dejamos no me atreví a confesarle la verdad. Aquello fue la causa, pero no se lo podía decir.

Meses después, empezó a salir con una chica y ahora están casados. Imagino que les debe ir bien. Supongo que con una mujer que lo desee y que sea sincera no tendrá problemas. Creo que ésos son los ingredientes: la sinceridad, el conocimiento y el deseo. Y desde el deseo y la sinceridad se puede llegar al conocimiento. Aunque nunca puedes estar seguro de si sabes o no. En el fondo, aprender en el sexo depende de tu osadía.

37. LOS MACHITOS

Para empezar, no creo que la virginidad sea algo que se pierda. Para mí no fue ninguna «pérdida», sino una «ganancia». Yo sentí que «ganaba» al dejar de ser virgen.

El tema de la virginidad es complejo. Se puede perder en una forma física o psíquica. Mentalmente, dejé de ser virgen el día en que tuve el primer contacto con un tío, pero físicamente fue después, con una tía, a los diecisiete años.

Mis primeros contactos sexuales fueron con compañeros de clase. Siempre íbamos tres juntos. Irónicamente, éramos los machitos de aquel curso. Uno de ellos, Juan, era el más guapetón, el deportista, el más rápido de la clase. Luego había otro que era muy inteligente. Por último estaba yo, el graciosote, un poco el líder, el delegado.

Nadie sospechaba nada. Teníamos nuestras respectivas novias y no se nos notaba nada. Pero cuando venían a casa a hacer los deberes, mis padres se quedaban en el salón, y nosotros nos encerrábamos en el cuarto y empezábamos una pajita por aquí, otra por allá, luego un abrazo suelto... Eso sí, siempre sin besos. «Te puedo comer la polla, pero besos no te doy. Eso es de maricones». Porque, supuestamente, entre nosotros no había amor, sólo mucha complicidad. Tenía que haberla por fuerza, porque los tres sabíamos que ninguno de los presentes iba a abrir la boca o, automáticamente, se autoinculparía.

Empezamos como un juego, quizás para ellos siempre lo fue. «Tócame aquí, tócame allá.» Lo interesante de eso es que en ningún caso te podías dejar llevar por lo que sentías, sino que todo el tiempo debías interpretar el rol de macho con todo lo que eso conlleva, todos sus aditivos. Por un lado, sabíamos perfectamente lo que estábamos haciendo y por otro teníamos que controlar lo que deseábamos hacer y lo que deseábamos que nos hicieran. Le podías comer la polla al otro, pero no podías dar el primer paso o, por lo menos, no se te podía notar demasiado. Tenías que negociarlo: «Si tú me haces esto, yo te lo hago a ti. Si me la comes, te la como». Así parecía que lo que querías era que te la comieran, pero, en el fondo, no sabías qué te gustaba más.

Lo único que estaba claro en toda aquella historia es que no te podías pringar. Aquí no era «maricón, el último», el maricón era el primero.

Aquellos juegos fueron muy progresivos y por eso no sé... Me resulta muy difícil discernir cuándo «perdí» la dichosa virginidad. Cuando me comí la primera polla tenía catorce años. Fue a un compañero de clase. Pero esa primera vez fue tan «higiénica», tan... Sientes que no te cambia, que no es irreversible, y te dices que se te pasará. Pero no se me pasó, ni en general ni en concreto, porque con ese tío me acosté después, a los dieciocho.

En medio de todo eso, me fui con una chica que conocí en un viaje. Se las sabía todas y fue casi una violación. Ella mandaba. Pasamos un fin de semana juntos. Me dio mucha confianza, sabía hacerlo todo como muy morboso y estuvo bastante bien. Era una mujer de ciudad, la típica que desde el principio sabes que te puedes acostar con ella en cualquier momento. Eso me daba morbo, era algo diferente a lo que conocía antes de instalarme en Madrid. Aquí hice amigos mucho menos mojigatos que los que tenía en mi barrio, en la zona de clase católica practicante de Majadahonda. Ella me ofreció un rollo completamente diferente y supo hacerlo muy bien.

Yo también aprendí el juego de la seducción. Descubrí que si me interesaba un tío, no podía hacérselo entender de manera demasiado evidente. Tenía que ser sutil para camelarlo y que no se asustara. Y así, con todos. Pero no tengo problemas para decir que soy homosexual. Desde que empecé a admitirlo abiertamente, algunos de los machitos con novia con los que me he enrollado me respetan más. Los tengo cogidos por los huevos. Además, los más machitos suelen ser los que van más fuertes. Creo que me respetan porque yo he dado un paso adelante que algunos de ellos no se atreven a asumir y siguen llevando sus dobles vidas.

Por supuesto, para mí tampoco ha sido tan fácil aceptarlo. Al principio no sabía cómo interpretar que no era «normal». A los quince años me planteaba el sexo oral constantemente. Era una de mis principales fantasías. Y lo sigue siendo. Pero en el fondo yo sé que soy marica desde muy pequeño. Me gustaba un amigo de mi hermano. Cuando tengo dudas es cuando me planteo si seré así porque mi padre me violó a los tres años y no lo recuerdo. Es broma.

38. RISITAS

Lo peor fue después, las comeduras de tarro. No sé por qué tuvimos que amargarnos de aquella manera, con tantos remordimientos absurdos. Al menos el sitio fue original y bastante inocente. Mi padre era miembro de un club náutico y un domingo de invierno en que estábamos paseando por el puerto de mi ciudad, mi novia me dijo: «Pues a mí me haría ilusión subir a un camarote». Yo conocía al encargado y le pedí que nos dejara pasar.

Nos instalamos en un barco que es propiedad del club y siempre está abierto, y una vez allí empezamos a huevear. Cuando la cosa fue a más, ella ya empezó con el «esto no se puede hacer». Cristina estudiaba en un colegio de monjas y siempre jugaba a la película del «no, no». Los días en que ella tenía más ganas de descarriarse, no se negaba tanto y sólo decía «no sé». El caso es que ponía resistencia, pero en cuanto yo paraba ella seguía dale que te dale. Le gustaba, pero los remordimientos la traían loca. Era el típico dilema corazón-mente.

En el barco había dos camitas en la proa, pero era

muy incómodo, muy estrecho. Además, yo estaba más pendiente de los ruidos que venían del puerto que de lo que hacíamos. Me daba un miedo increíble que algún marinero vigilante nos sorprendiera y mi padre me echara el broncazo. La puerta estaba abierta y podía entrar cualquiera.

Fue una situación muy rápida, de acaba y vámonos. Yo no sabía lo que tenía que hacer y creo que al final actuaba por instinto. En aquella época estas cosas no las comentabas con nadie. Creo que casi nunca puedes comentarlas con nadie. De sexo se habla muy poco y muy mal.

Cuando acabamos a ella le sobrevinieron los remordimientos y a mí la decepción. Si aquello era hacer el amor... Es que yo también era muy recatado y tímido. Pero confieso que también era muy romántico y me gustaba imaginarme cómo sería mi primera vez. Siempre había deseado que fuera en un sitio bonito, original y que pudiera disfrutarlo. Lo primero no sé, lo segundo, sí, y lo tercero, en absoluto. Por eso me sentí tan desengañado. Para postre, ella dijo: «Esto no tiene que ocurrir nunca más». Decidió que no lo volvería a hacer hasta llegar al matrimonio o tener una pareja más que estable. En aquel momento llevábamos dos años saliendo.

La situación me amargó. Cristina lo cortó todo radicalmente. Salimos un año más y no se volvió a repetir. Tampoco yo se lo propuse. Durante ese tiempo fuimos encadenando problemas uno tras otro y jamás hablamos del tema. Fue una pena, porque hasta que pasó todo aquello, Cristina había sido muy desenfadada. Era muy alegre, con una risa contagiosa muy loca, y aquel episodio la cambió. Pero también es verdad que, en general, vivía bastante mal todo lo relacionado con el sexo por culpa de la historia de los pecados y las monjas. Recuerdo que cuando le di el primer beso, me giró la cara. No se me olvidará nunca. Algo así sólo me lo ha hecho esta huevona. Aún tengo grabada la imagen de mi cara de tonto.

Cristina me gustaba muchísimo y por eso aguantamos tantos años juntos. Pero después de dejarlo perdimos la confianza y estuvimos mucho tiempo sin hablarnos. Ahora, que ya hace casi trece años y lo tenemos más que superado, bromeamos con ganas cuando coincidimos en algún local. Es como si entre los dos existiera la complicidad que no supimos tener a los diecisiete años. La verdad es que me da alegría verla, sigue siendo muy risueña. A veces, hasta me cuesta creer que fuésemos tan tontos como para comernos el tarro de aquella manera.

39. LUIS

El adjetivo que más recuerdo es ternura, y es curioso, porque cuando se piensa en la primera vez suele asociarse con mal rollo, dolor o mucha vergüenza. Y sí, hubo algo de todo eso, pero sobre todo hubo mucha ternura.

Y en muchos sentidos, también fue gracioso. Yo tenía dieciocho años y estaba saliendo con un chico. Cuando pasó algún tiempo, me planteé el tema y la persona que escogí para pedirle consejo fue mi padre. Creo que no es frecuente que una hija hable de estas cosas con su padre, puede que ni con su madre, pero para mí fue importante conocer su opinión. No me juzgó en absoluto y lo que me dijo fue que, si me sentía preparada y estaba bien con mi chico, que lo hiciera, pero que me pusiera un preservativo. En eso, como en muchas otras cosas, fue mi gran cómplice. Creo que hasta me guardó el secreto y no se lo dijo a mi madre.

La verdad es que mi padre lo supo antes que el mismo Luis, porque fue bastante imprevisto y no se lo podía imaginar. Nunca lo hablábamos claramente, aunque en el fondo ya se veía por dónde iba la cosa.

Y ya una vez, aprovechando un fin de semana en que mi familia estaba fuera, lo invité a mi casa y lo hicimos en la cama de mis padres, en la de matrimonio. Podríamos haber tenido más decencia, ahora que lo pienso. Los detalles no los recuerdo, creo que primero nos desnudamos y luego nos metimos en la cama. Lo que sí se me ha quedado grabado es que le pregunté si él también era virgen. El detalle bonito empieza aquí. Como me vio muy nerviosa me dijo que no, que me relajara, que aquello era una cosa muy natural y que él ya sabía lo que había que hacer. Fue muy tierno conmigo, muy cuidadoso. Hay que decir que estábamos colados.

Cuando empezaron las primeras intentonas, noté que estaba algo nerviosa, pero dentro de lo que cabe soy echada para adelante y no me cogió ninguna neura. Él sí estaba muy nervioso, mucho más que yo. Se notaba que iba perdidísimo, no parecía tener mucha idea y no acababa de acertar. Como vi que en vez de ir a mejor, la cosa empeoraba, le pregunté: «Luis, ¿seguro que tú...?». Y entonces me confesó que era virgen. Para mí aquella mentira fue muy tierna, porque él quería comportarse con aplomo y darme seguridad. Quería ser un hombre, pero también tenía sólo dieciocho años y muchísimos nervios.

A mí no me dolió nada, lo del tema del himen fue secundario y no recuerdo haber sentido angustia. Un poco de vergüenza, sí. A esa edad, cuando te quedas desnuda siempre te cortas. Pero después siempre he sido muy abierta para hablar de sexo y, sobre todo, para vivirlo con humor. Luis y yo hablamos varias veces de nuestra primera vez. Bromeamos mucho al respecto. Yo siempre le decía: ¿Qué, te daba vergüenza admitir que a los dieciocho no habías estado con ninguna chica? Y siempre ha quedado la duda de si lo hizo por mí o por él.

Ahora hemos perdido el contacto. Por suerte, porque a medida que pasó el tiempo nos fuimos distanciando, sobre todo, mentalmente. Luis era muy pijo, del PP, era muy conservador y al final no había manera de coordinarnos.

Pero me gusta mucho que mi primera vez fuese con él y de aquella manera. Creo que la primera vez es determinante para las posteriores, aunque sin duda el tiempo lo cura todo. Imagino que si la primera vez te sale mal, te lo piensas antes de empezar con la segunda. Y yo no me lo pensé, ni la segunda ni la tercera. Nunca me lo he pensado.

EPÍLOGO

La falda le hacía cosquillas en la nariz y el olor a naftalina era asfixiante, pero Daniel no se atrevía a mover un solo dedo para aliviarse. Temía que al hacerlo las perchas pudieran desencajarse de la barra y caer sobre su cabeza como una lluvia de piedras. De repente, el armario, en cuya luna Mónica y él habían estado jugando a reconocerse en cada movimiento, se había convertido en una celda oscura y absoluta. Los guardarropas se vuelven guardias cuando se cierran de golpe para engullir un amante clandestino, pero el muchacho ignoraba los recursos de los vodeviles clásicos y se sintió amenazado por las caricias de aquellos espantapájaros que vestían las mismas prendas que su profesora de matemáticas.

La madre de Mónica trabajaba en el instituto a las órdenes de su padre, que era el director. Él vivía en el quinto y ella, en el cuarto. Daniel tenía catorce años recién cumplidos y Mónica, una aguda voz de dieciséis que sonó desafiante cuando aquel mediodía abrió la puerta y le pidió ayuda para acabar los deberes.

El joven se detuvo en seco en el rellano:

–Pero, ¿cómo voy a ayudarte yo, si tú...? –no acabó la frase, porque Mónica no quería escucharla. Él tampoco.

Ahora, bastantes años después, Daniel cree que aquella anécdota fue premonitoria, pues su vida amorosa está salpicada de episodios similares. Vive en un pueblo de 2.000 habitantes, donde las ventanas tienen ojos y las calles, lenguas, pero está acostumbrado a engañarlas. A las malas y a las buenas. Aun así, admite entre risas que sintió pavor cuando él y su vecina oyeron el timbre, y asegura que pagaría por recordar qué estuvo pensando durante aquellos quince minutos que, en su encierro, se multiplicaron al mismo ritmo que sus pulsaciones. También yo reí con él, despreocupada, al escucharle hablar tan rela-jadamente de su primera vez sin tener que apuntar cada detalle. Su historia llegó demasiado tarde. Para entonces, este libro ya había sido reimpreso y en mi pequeña ciudad casi todos parecían saber a qué me había estado dedicando durante los últimos meses, cuando mis pupilas acusaban los excesos de cafeína al mirar de reojo a todo aquel que se me aparecía como una posible «víctima».

Los «cafés con oreja» no se han acabado. Todavía hoy no pasa demasiado tiempo sin que algún vecino se ofrezca a explicarme su primera vez, algo que no deja de sorprenderme, sobre todo porque no siempre fue así de sencillo. Cuando el editor Sergio Gaspar me llamó para proponerme entrevistar a una cuarentena de jóvenes entre 18 y 30 años y preguntarles de qué modo vivieron la pérdida de su virginidad, imaginé que sería difícil encontrar voluntarios, casi tanto como conseguir que me dijesen la verdad, toda la verdad y algo más que la verdad. Porque en aquellas conversaciones no sólo hablamos de sexo. Los cafés que tomamos nunca fueron solos. Venían acompañados de sentimientos, de humor y de miedo, hasta el punto de que, en alguna ocasión, pensamos que estas «39 veces» bien podrían subtitularse «39 historias de miedo»: miedo a desnudar ese íntimo recuerdo, miedo a que no se entienda su misterio, miedo a admitir que aquella noche tuvimos miedo.

Los temores sonaban a cucharillas inquietas cada vez que se hacía un silencio. Sobre el papel esas vacilaciones se transformaron en puntos suspensivos y, luego, muchos han querido saber qué se escondía tras ellos, conocer un poco mejor a quienes se atrevieron a confesar que su primera vez no fue exactamente como esperaban, porque himen e imaginación suelen ser conceptos antagónicos. Pero lo cierto es que yo tampoco sé demasiado de quienes me regalaron sus historias para escribir este libro a medias conmigo.

En la mayoría de los casos no los había visto nunca antes y después de las charlas sólo he podido reunirme con algunos de ellos. Otros me han telefoneado, impresionados al ver escrito lo que apenas se atrevían a formular oralmente. Algo así le sucedió a la chica de «El maño», quien, pese a su desparpajo y naturalidad, me llamó a hurtadillas desde una cabina la noche en que oyó comentar su experiencia en un programa de televisión.

–Ten mucho cuidado con las entrevistas, por favor, que no se te escape ningún detalle, que mi madre es teleadicta y está convencida de que sigo siendo tan pura como la Inmaculada Concepción.

De modo que, si engañaron a sus padres y a sus amigos –e incluso a sí mismos–, por qué tendrían que decirme la verdad a mí. Realmente no había ninguna razón para que lo hicieran y es por este motivo por lo que estoy segura de que fueron sinceros: no tenían necesidad de mentir, ni tan siquiera de acudir a nuestra cita pero lo hicieron. Y eso es, precisamente, lo que menos entiendo y lo que más les agradezco, que se molestaran en localizar a «la chica con más trastos sobre la mesa» y sonrieran siempre antes de decir:

–Bueno, tú haz las preguntas, que yo no sé por dónde comenzar.

Para dos minutos después, sacar sus propias conclusiones:

–¿Sabes? Lo mejor será que empiece por el principio.

Pasados unos pocos minutos más, aquel supuesto principio había avanzado a trompicones de sevillana, adelante y atrás.

Esta manera de romper el hielo es, junto a la ternura con la que expresan sus respectivas memorias, el principal rasgo que unifica los monólogos. Por lo demás, no hubo dos encuentros iguales y algunos, como el del muchacho que descubrió que tenía fimosis en una abarrotada tienda de campaña, deberían haber sido grabados para siempre jamás, porque el protagonista acompañó su relato de gestos y músicas dignas de rebobinarse. Tanto es así que su interpretación del *Abrázame* de Julio Iglesias logró atraer la atención de los clientes del local de ambiente homosexual de Lavapiés, en cuyo lavabo tuve que refugiarme un par de veces para sobrevivir a varios ataques de risa. Esas mismas gracias le sirven actualmente para repartir preservativos entre las prostitutas de Madrid las noches en que colabora como voluntario en una ONG desde la que intenta convencerlas de que trabajen lo menos posible.

Mucho más convencional, aunque sólo en apariencia, fue la entrevista que me concedieron cuatro amigos de Barcelona que, ordenadamente, empezaron a relatar sus diferentes vivencias, como si estuviéramos rodando la escena crucial de una película independiente americana. Nada que ver con la angustia del novio de Lucía, la chica que murió sin que nadie lo esperase.

La historia de Lucía también llegó por sorpresa. Había quedado con el amigo de un compañero de trabajo al que le hizo mucha gracia la idea del libro. Estuve buscándole durante una hora, pero no se presentó. Cuando empezaba a asumir que me habían dado plantón, apareció uno de sus amigos. Su ausencia no le extrañó en exceso, pero insistió en disculparle:

–Le habrá salido algún lío o quizás se le hayan cruzado los cables. A él le van mucho estos temas, pero no sé, a lo mejor se ha arrepentido.

–No te preocupes, no pasa nada. He aprovechado para leer.

–Es que me sabe mal... Aún te faltan bastantes entrevistas, ¿verdad?

–Sí, pero ya irán saliendo, no te preocupes.

–Yo te contaría la mía, pero es que me da mucho corte. No soy muy lanzado para estas cosas.

–No hace falta, de verdad. Si quieres te invito a un café, pero no tienes que explicarme nada.

–No, si es que en el fondo, creo que estaría bien hablar de ello. No se lo he contado nunca a nadie. Quizás por encima, pero no toda la historia...

Tenía los ojos negros tan nerviosos como enormes, pero se fueron relajando a medida que empezaron a hablar sin que ninguno de los dos se diera demasiada cuenta, hasta que, de repente y sin avisar, se desahogó:

–Le había prometido que tendríamos tiempo de aprender, pero no lo tuvimos, porque al cabo de tres meses ella murió.

De regreso a casa no pude dejar de pensar en aquella chica, que no se llamaba Lucía. Esa tarde, él consiguió compartir su historia sin psiquiatras ni temores, pero prefirió no pronunciar su nombre.

–Invéntale uno, me gustará saber cuál le imaginas.

Un mes después de publicar el libro, coincidimos casualmente en el vagón de un tren. Aquel mediodía tuve suerte. Desde que me dieron los primeros ejemplares, estuve intentando encontrarlo para regalarle uno, pero no sabía su teléfono. En cuanto nos vimos, sonreímos y en seguida comenzamos a charlar como si nos conociéramos de toda la vida. Me explicó que él aún no había podido ver el libro. Entonces recordé que en el maletín llevaba dos y le propuse un trato:

–¿Por qué no me dedicas un ejemplar y yo te dedico el otro?

Sólo puso una condición, que no leeríamos una sola línea hasta bajarnos del tren. Tardamos varios minutos en escribir aquellas pocas palabras en las que nos dimos las gracias mutuamente.

No todas las entrevistas fueron igual de emotivas, pero sí resultaron ser siempre un delicioso y enriquecedor privilegio. Excepto una: la que me hice a mí misma. No sabía cómo conseguir que mis declaraciones sonaran espontáneas, así que pensé que lo mejor era grabarme mientras hablaba sola fregando los platos. Pero me dio miedo que me oyeran mis vecinas. Volví a intentarlo una noche en mi habitación, con la luz apagada, y ni sé cuánto rato estuve murmurando. Después, el pudor me impidió oírla y la escondí.

No sé dónde está esa casete. He mirado en cada rincón, en todas las mochilas y bolsillos, en cajas y cajones, pero no la he encontrado. Tuve que renunciar a la transcripción y redactar «mi primera vez» sin recurrir a tantas tecnologías, pero no abandono la búsqueda. Sólo espero que si mi padre o mi madre la escuchan antes de que yo pueda evitarlo, se apresuren a conectar la radio y que graben encima cualquier cosa: un bolero, una falca publicitaria o las noticias de turno que en aquellos momentos estén anunciando las tres desgracias nuestras de cada día, sin sospechar que, mientras tanto, en algún lugar, dos jóvenes están sintonizando otra emisora, la que mejor les acompañe para descubrir juntos que las escenas de cama son una soberana estafa y que deben inventar las suyas propias.

Entre las 39 veces que se relatan en este libro, la autora ha incluido la suya, tal como prometió a muchos de sus entrevistados. A todos ellos, muchas veces muchas gracias.

A Manolo

ÍNDICE

Diseño: Winfried Bährle
Ilustraciones: Àlvar Farré
Foto de solapa: © Carles Castro

Círculo de Lectores, S. A. (Sociedad Unipersonal)
Travessera de Gràcia, 47-49, 08021 Barcelona
www.circulolectores.com
5 7 9 0 0 0 0 2 8 6 4

Licencia editorial para Círculo de Lectores
por cortesía de DVD *ediciones*, S. L.

Depósito legal: B. 619-2000
Fotocomposición: gama, s. l., Barcelona
Impresión y encuadernación: Printer industria gráfica, s. a.
N. II, Cuatro caminos s/n, 08620 Sant Vicenç dels Horts
Barcelona, 2000. Impreso en España
ISBN 84-226-8147-1
N.º 32920